I0707806

LA TEORÍA

XY

De porqué los hombres somos así

De

Wilson Sarria

Este libro está dedicado a:

Las mujeres de mi vida que se merecían un mejor hombre, un mejor compañero o un mejor amigo.

Introducción

Estás empezando un viaje hacia un mundo que siempre ha estado ahí, pero que se ha mantenido oculto, o que hemos ignorado por pura comodidad, por miedo o por simple estupidez.

Todo lo que vas a ver en estas páginas está basado en mis propias vivencias, en mis descubrimientos y, más que nada, en mis grandes metidas de pata. También he tomado mucho de otros hombres, de todas las épocas y de todas partes.

Quizás no todo sea una verdad absoluta, pero estoy seguro de que mucho de esto se aplica a la vida de muchos hombres y, sobre todo, de muchas mujeres.

Escribí este libro pensando en las mujeres. Aunque estoy seguro de que muchos hombres pueden sacarle provecho a lo que está escrito aquí, es para ellas que están pensadas estas ideas, estos hallazgos o estas crudas realidades. Así que espero que, de alguna manera, les sirva de algo.

Decidí escribir este libro porque toqué fondo. Me metí yo solo en un lugar muy oscuro, solitario y triste; un lugar que estaba seguro de que no me merecía, y aun así, yo mismo lo provoqué. En ese lugar había abandonado a mi esposa, a mi hijo menor y me había hundido en un montón de comportamientos destructivos que se me habían salido de control.

En un momento dado, me miré al espejo y me dije que ese no era yo. Me pregunté por qué había hecho todo eso, por qué echaba a perder las mejores cosas que la vida me había ofrecido.

Y fue ahí donde me cayó encima, como una ola gigante, toda esa verdad que había querido evitar, esa que estuve ocultando por más de veinte años. En ese viaje al pasado pude ver el *origen de mi forma de actuar, la razón de mi desastre y, más que nada, pude ver a todas las personas (más mujeres que hombres) que habían sido víctimas de mi arrogancia.*

Así empecé un cambio, un camino de perdón y de transformación que todavía estoy recorriendo. Un camino difícil y complicado, que me enfrenta a mí mismo de formas que no creí posibles y que muchas veces me da vergüenza. Ahora sé que todo se trata de ser perseverante. Que solo es cuestión de constancia.

Lo más claro de todo este viaje es poder entender estas cosas que hacemos los hombres para protegernos, para sacarle el cuerpo a la responsabilidad o simplemente para estar cómodos. Todas estas mañas tienen razones muy claras, que si se miran de frente, van a ayudar mucho a las mujeres (y a los hombres que se animen) a liberarse de esa idea anticuada de lo que "debe ser" un hombre.

Debemos reconocer que los hombres venimos con 'defectos de fábrica', que la mayoría tenemos rollos internos que ignoramos, y que afectan directamente la forma en que nos relacionamos con el mundo.

Aunque lo que voy a contar aquí está enfocado en las relaciones de pareja, también vamos a ver cómo los hombres y nuestras fallas afectamos el ambiente en el trabajo, en la política y hasta en el medio ambiente.

Cuando una persona sabe que algo tiene fallas, puede proponerse arreglarlo, enfrentarlo, dejarlo así o abandonarlo. Ese es uno de los objetivos de este libro: que las mujeres, las parejas de estos "hombres", sepan lo que esos hombres ocultan, para que así puedan tomar las mejores decisiones, ya que todo eso influye en sus vidas de manera directa.

Lo más probable es que lo que está escrito aquí genere polémica, dudas... o quizás, para algunos, sea una revelación.

Sea cual sea el caso, las espero al final para charlar, para seguir construyendo esta teoría.

Nos vemos en mis redes sociales, y de antemano, ¡mil gracias por comprar el libro, leerlo y compartir lo que piensan, sin importar si es a favor o en contra!

EL PRINCIPIO DE LA TEORÍA

La idea de "ser hombre" es un concepto que todos tenemos metido en la cabeza desde hace generaciones, mucho antes de nuestros abuelos, más allá de la Edad Media; ¡parece que viene impuesto por la mismísima mujer de las cavernas!

Una de las "verdades" principales que el hombre quiere imponer es que es diferente de la mujer. Se ha esforzado un montón en crear esa distancia, porque así mantiene a su favor algo que es importantísimo para él: el poder.

Aunque lo importante es que, en el fondo, somos iguales: habitantes de un planeta que casi siempre buscamos estabilidad emocional. Todos queremos ser felices.

Una de las cosas que más me deja de una pieza de los hombres es nuestra capacidad de abandonar; nosotros abandonamos a las mujeres. Quiero explicar bien este punto, porque es lo que dio inicio a todo lo que cuento en este libro.

No estoy diciendo que las mujeres no puedan abandonar a un hombre. Claro que sí pueden, pero básicamente ellas se alejan de algo negativo. Casi siempre, las mujeres nunca abandonan a un "buen" hombre; en cambio, los hombres podemos tener a la mujer más maravillosa del mundo y, aun así, largarnos.

En la sociedad hay muchas formas de comprobar que los hombres abandonamos: la cantidad de madres cabeza de familia que hay por montones en la sociedad; la cantidad de niñas embarazadas que deben enfrentar eso solas aumenta año tras año; por otro lado, solo en Latinoamérica el 46% de los matrimonios se divorcia cada año, y el 90% es por culpa de los hombres.

Cuando ese hecho apareció en mi vida, es decir, cuando me di cuenta de que yo había hecho eso (abandonar mujeres, buenas mujeres), fue cuando me pregunté: "¿Qué onda conmigo?". ¿Qué pasa con nosotros los hombres?

Ahora bien, he hablado con muchas mujeres; las historias de sus vidas cuentan con más de un hombre que las ha abandonado. De la misma manera, nosotros no podemos decir lo mismo. La relación es totalmente al revés.

Así que mi vida estaba llena de abandonos; yo había tenido la suerte de encontrar parejas maravillosas, pero había decidido abandonarlas sin razones de peso. En esa época no me preguntaba por qué actuaba así; para mí era algo normal, pero la verdad es que no había nada de normal en ese comportamiento.

Entonces, fue que me ocurrió algo que cambió mi vida para siempre: una especie de encuentro espiritual que me dejó en el piso, mostrándome toda mi estupidez. Pensé que si eso que estaba viendo en ese momento era la verdad, pues, tenía que hacer algo. Pero luego vino la otra verdad: por más que yo me dijera a mí mismo que no, era machista, egocéntrico, egoísta, arrogante, torpe y un montón de cosas más. Admitirlo fue durísimo y dolió, pero era parte del proceso si de verdad quería cambiar.

En un principio, este camino lo viví solo, pero luego, recordé charlas con amigas; anécdotas de mujeres que tomaban los talleres que dicto; historias que comencé a recopilar de diferentes fuentes. Todas tenían la misma característica: los hombres y sus comportamientos extraños frente a las mujeres, frente al compromiso. Desde el 2017 he venido recopilando estos descubrimientos, los mismos que expongo en esta teoría.

Una cosa a favor es que cuando, como hombre, puedes ver de dónde viene todo eso y decides iniciar el cambio, los resultados son maravillosos.

Como parte del proceso, he continuado hablando con muchas mujeres, poniendo sobre la mesa estas teorías. Para la mayoría de ellas eran temas que se tenían que tratar sí o sí; para otras, eran cosas que al parecer desconocían; pero para todas, eran verdades que les daban claridad sobre muchas situaciones con los hombres de su vida. De esas charlas, de esos análisis, es que se ha forjado la Teoría XY.

La sociedad tiene a la familia como el eje de todo; en la familia nace el presente y el futuro de nuestra humanidad. Cuando los hombres abandonan, generan caos en ese núcleo familiar; desestabilizan todo el proceso de crianza, lo que termina en problemas terribles.

Por un lado, cuando una familia se rompe, se crea en la mente y el corazón de los hijos una sensación de quiebre que no pueden comprender fácilmente, ya que los adultos casi nunca hablan de los problemas o las causas que llevaron a la separación; por eso, algunos hijos terminan echándose la culpa.

Por otro lado, para las mujeres es un momento súper complejo en su vida. Mientras que para el hombre es simplemente una decisión más que tomar, algo "normal", como echar para atrás una mala decisión; para la mujer implica que desaparezca un futuro lleno de oportunidades.

Las mujeres se toman muy en serio la idea de unir su vida a un compañero, se entregan totalmente, con la convicción de que enfrentarán todo en el largo camino del matrimonio o de la vida en pareja. Para los hombres no es igual; nuestra manera de entrar en la relación y de estar en ella es completamente diferente, por lo que nos resulta muy fácil salirnos del "compromiso".

Cuando esa decisión no es fácil es cuando el hombre sabe que, en la separación, va a salir perdiendo económicamente. Eso significa que los valores del hombre son muy diferentes a los de la mujer.

Ese vacío es lo que queremos llenar con la Teoría XY: comprender mejor esa forma de actuar del hombre, así como sus posibilidades de evolucionar y de superarse a sí mismo.

Todo hombre es capaz de lograr cosas sorprendentes, de ser cada vez mejor; pero para eso, se necesita una radiografía de lo que lo hace ser lo que es, dónde están sus vacíos y cuál es la forma correcta de llenarlos.

Algo difícil de aceptar, pero que es la pura realidad, es que todos los hombres venimos defectuosos de fábrica. Si ustedes como mujeres pueden aceptar ese hecho, va a ser mucho más sencillo desarrollar un entendimiento completo y sano de su pareja y de los hombres en general.

Antes de iniciar quiero que tú, querida lectora (o lector), abras tu corazón, tu mente y tu alma; porque también habrá cosas complicadas y difíciles de asimilar de tu propio comportamiento que influyen negativamente en los hombres.

Tanto hombres como mujeres tenemos una extraña responsabilidad en por qué los hombres somos como somos. Si deseamos un cambio positivo, todos por igual debemos poner manos a la obra, responsabilizándonos de nuestras acciones pasadas, presentes y futuras.

TEORÍA 1: Somos resultado de una mala ecuación generacional

"Los hombres no lloran"
"Levántese, sea hombrecito"
"Son cosas de hombres"
"Haga eso como un varón"

Existen cientos de frases que se refieren a comportamientos supuestamente "masculinos", de hombre, y otras que señalan los de las mujeres: "llora como una nenita", "golpeas como mujer".

Esto significa que, en la sociedad, desde hace un montón de tiempo, las características de hombres y mujeres se dan por hechas, se manejan como si fueran un molde para todos. Lo damos por sentado sin pararnos a pensar si son correctas, si deberían seguir o si deberíamos cambiarlas.

En nuestra "programación" hay un gen que no es natural, que nos dicta las normas para hombres y mujeres; normas que en los últimos 100 años se han estrellado de frente con la realidad, normas que apenas estamos empezando a ver como lo que son: puras mentiras.

Con el tiempo vamos descubriendo que lo normal es que tengamos las mismas oportunidades, opciones, derechos y deberes. Pero falta mucho para que esa verdad se acomode del todo. El mayor problema es que seguimos arrastrando esas viejas ideas solo por mera costumbre.

En las familias, padres y madres llevan en su memoria ideas que se les metieron "por ósmosis", sin ningún tipo de análisis. Por ejemplo, aunque sepamos perfectamente que no tienen ninguna importancia en nuestro desarrollo, los colores se siguen imponiendo a niños y niñas. He visto intentos frustrados de parejas que quieren usar otros colores para sus bebés, pero se encuentran con respuestas súper violentas de las abuelas. Incluso el mismo comercio se resiste a cambiar los colores de siempre. Y ese es solo un ejemplo de muchos.

Creemos cosas que no deberíamos creer.

Esas ideas que están en la mente y el corazón de los mayores (padres, abuelos, tíos, maestros, etc.) arrasan sin piedad por encima de la lógica o el pensamiento racional. El problema más grande es lo que no podemos ver, pero que sigue ahí, atacando nuestras ideas constantemente, día tras día.

Estamos en un momento de la historia donde muchos niños y niñas son cuidados por sus abuelos. En ese sentido, los abuelos son un tsunami de tradiciones que conservamos sin pensarlo. Algunas veces las seguimos sin chistar, mientras que otras las combatimos sin sentido. Entonces, esas ideas anticuadas existen en nuestras familias sin que podamos hacer nada para evitarlo.

En los últimos dos mil años (por no decir más), las mujeres apenas han tenido acceso al voto en los últimos 100. Con ese panorama, se puede ver que estamos todavía "en pañales" en la idea de ver a la mujer como parte activa e igualitaria de la sociedad.

Aún hoy, en muchos trabajos, las mujeres ganan mucho menos que los hombres haciendo lo mismo. Se sabe muy bien que una mujer debe trabajar el doble para sobresalir en un ambiente dominado por hombres.

Ahí está el nudo del asunto: la dominación.

En alguna parte de la historia, hace mucho tiempo, en una tierra muy lejana, los hombres robaron el poder. Lo que quiero decir es que, al principio, las sociedades se regían por el matriarcado, o mejor dicho, por un gobierno "matrista": las mujeres eran quienes ponían las normas, las que mandaban en las decisiones políticas y religiosas.

En ese tema hay cosas muy curiosas de analizar ahora. Para algunos estudiosos, el matriarcado solo existe si la mujer "domina" al hombre, si lo explota; mientras que ven el patriarcado como una acción que genera orden y sentido. Lo que debemos tener en cuenta es que hace mucho tiempo las mujeres eran la cabeza de la comunidad.

Pero luego algo pasó y se inició la era del patriarcado.

Ese cambio pudo ser el resultado de una situación social particular; debió ser algo pasajero, una necesidad del momento de que el hombre tomara ciertas decisiones o hiciera cosas urgentes, para luego devolverle el "poder" a la mujer, pero...

Después de que el hombre se subió al trono, se sintió tan cómodo que nunca más entregó el puesto que por derecho era de la mujer.

No voy a entrar en detalles históricos, pero el matriarcado siempre ha demostrado ser más efectivo, más justo, más positivo. Sí, todos somos humanos, tenemos las mismas capacidades para dirigir, pero en la naturaleza, las hembras son más sabias administrando los bienes, defendiendo territorios, cuidando las propiedades y a las crías.

En el "animal humano" eso se potenció más. Solo voy a poner un ejemplo, para analizarlo: en la época en que las comunidades empezaban a quedarse en un solo terreno, el macho se iba en largas jornadas de caza que podían durar meses. Durante ese tiempo, eran las hembras las que organizaban a la comunidad, distribuían la comida, administraban la cultura, la justicia, y decidían cómo evolucionaba el grupo.

Todo esto debería poder verse claramente en los libros de historia, pero en vez de eso tenemos como protagonista al hombre cazador y no a la mujer con sus múltiples capacidades. Recuerden: el vencedor es el que escribe la historia.

Si lo pensamos bien, las mujeres podían ir a cazar, ser tan efectivas como los hombres, pero difícilmente los hombres podrían haberse quedado a cuidar a los críos. De ahí que las mujeres hayan evolucionado con una variedad enorme de capacidades, que aún hoy siguen mostrando de forma admirable.

Pero el hombre debe cuidar su posición, esa que se ganó de chiripa, porque esa posición es muy cómoda. Después de esas largas jornadas de caza, llegas a descansar, porque te lo tienes bien merecido, mientras que las mujeres deben seguir trabajando, con el trabajo extra de preparar los animales cazados para que se conservaran.

Desde siempre a la mujer se le ha cargado con más responsabilidad que al hombre, solo que todas esas responsabilidades son invisibles a los ojos de la sociedad.

Este orden de las cosas ha viajado de generación en generación hasta hoy. Poco a poco fue adoptando más formas de oprimir a la mujer; la historia nos muestra cómo el hombre ha estado en una falsa posición elevada. Desde finales del siglo XIX se ha visto un cambio, pero muy lentamente, demasiado lento para el beneficio de todos.

Vamos a ver los puntos más notorios que han viajado hasta nuestros días y que siguen haciendo mella en la sociedad:

- El hombre trabaja duro, merece descanso.

- El hombre es el proveedor y de ahí viene su arrogancia.

- El hombre sale a vivir aventuras, eso es sano.

- El hombre depende de la mujer para suplir sus necesidades.

- El hombre tiene un gran poder para derrochar.

- La mujer es débil.

- Ciertos trabajos no pueden ser realizados por mujeres.

- Las mujeres solo están hechas para parir y criar.

Estos son solo algunos. Más adelante veremos otros más detenidamente, porque se han convertido en defectos terribles que afectan a la sociedad como un cáncer.

Entonces el hombre se vio en una posición de ventaja. Incluso después de que llegara la agricultura, la idea se conservó: él trabajaba la tierra, la mujer hacía todo lo demás (incluso muchas veces también trabajaba la tierra).

Pero fue la política la que vino a enterrar las esperanzas de igualdad de las mujeres, más que nada porque la política, en sus raíces, inventó algo para lo que los hombres se creen muy buenos: la guerra.

Ya sea por una razón u otra, la historia se llenó de hombres con ansias de poder que conquistaban tierras a diestra y siniestra, con grandes ejércitos "de hombres". Entonces el macho creó una actividad que supuestamente solo podía ser llevada a cabo por hombres. La guerra, como necesidad de conquista, alejó a la mujer durante milenios de la posibilidad de tener poder.

Lo intento, pero no se me viene a la mente ninguna mujer conquistadora de la historia. Debe existir, aunque como siempre, la sociedad las ha hecho invisibles. Aunque, si lo analizamos bien, quizás las mujeres simplemente no desearían conquistar.

La historia tiene a mujeres imponentes, en Egipto podemos encontrar algunas de ellas, pero hay que decir que la persecución masculina a esos cargos (así como a las reinas de la Europa medieval) era sin parar. El hombre siempre ha buscado quitarle el poder a las mujeres y, sí, también a otros hombres.

Antes de continuar debo decir que existió una época (y alguna que otra cultura que sobrevive hoy en día) en que las mujeres tomaban esas decisiones políticas y resolvían los conflictos de diversas formas, y muy pocas veces esas formas incluían la guerra.

Así pasaron siglos, léase bien, siglos hasta nuestros días. Días donde continuamos con las mismas ideas, donde nos estrellamos con pensamientos retrógrados que nacieron para la comodidad del macho de la manada.

En ese sentido, sobre nosotros los hombres cae esa ecuación equivocada de superioridad. Son miles de años que están sobre nosotros sin que queramos cambiar la situación. Nos hemos pegado a esa comodidad sin sentido, no buscamos explicaciones, razones o verdades. Para los hombres, "así es la verdad" y no hace falta cambiarla.

Crecemos, hombres y mujeres, en esa sopa de ideas preconcebidas que viene de tiempos lejanos. Padecemos, sin intentar cambiar, de defectos que deforman nuestra visión de la vida; defectos que provocan familias fallidas, relaciones dolorosas, violencia, tragedia, dolor, soledad, incomprensión y mucho más.

La única forma de realizar un cambio es conocer, saber, por qué hacemos lo que hacemos.

La mayoría de las teorías (razones) de este libro son producto de esa mala ecuación creada miles de años atrás, así que está en nuestras manos transformar positivamente la mentalidad y el corazón para lograr un verdadero nuevo paradigma. Todo esto debe suceder en el corazón de la familia, de la familia de las nuevas generaciones de hombres y mujeres. Solo un proceso educativo, lúdico y natural es la respuesta a esta enfermedad moral.

Claro está que hombres adultos (no voy a decir maduros), pueden transformarse, sanar sus heridas, corregir sus acciones y evolucionar, pero para ello deben querer hacerlo.

La complicación más grande aquí es que, de alguna forma, el hombre se sabe en una situación de ventaja. Cambiar implica un nuevo tipo de negociación, una mirada distinta a la forma de ver y relacionarse con las mujeres; implica que él mismo ya no será igual, lo que despierta un futuro incierto. Como veremos más adelante, el hombre de hoy no está, ni quiere estar, preparado para eso.

Si ahora estás en una relación puedes hacer uso de lo que aquí se expone, pero te digo que es un riesgo; puede que el resultado no sea el que tú esperas. Lo digo porque te puedes estrellar con la verdad que quizá no habías querido ver, esa que te obligará a tomar una decisión. Si el hombre en tu vida no decide cambiar, entonces está en tus manos el paso a seguir. De igual forma, puedes no hacer caso; estás en toda tu libertad.

Lo que sí te digo es que como ser humano te mereces toda la dicha, felicidad y amor del universo. De cierta manera, aunque no es absolutamente necesario para tu bienestar, puedes disfrutar de lo que un buen hombre tiene para dar. Eso es un mar de fantasías más allá de cualquier imaginación; el hombre correcto es un espécimen increíble, que vale la pena conocer, aunque hacerlo implique un esfuerzo sobrehumano.

Si eres madre, lo que aquí expongo te va a enfrentar de lleno con verdades muy complejas. La labor de madre también ha sido contagiada por esa mala ecuación, entonces mucho de lo que haces, las razones por las que lo haces están basadas en ideas no tan ciertas o adecuadas.

Por eso debes, si quieres, estar dispuesta a cambiar la forma de ser madre, la forma de hacer lo que has venido haciendo desde siempre. Eso es muy difícil, lo sé porque he tratado con madres que no aceptan que sus acciones pueden estar mal, muchas se disgustan, niegan que estén actuando de forma incorrecta. Para ellas está tan arraigado el gen patriarcal-machista que no pueden ver otra cosa. Esas madres fueron educadas para generar hombres poderosos, dominadores, que de una u otra forma están por encima de las mujeres en muchos sentidos.

Esas madres también educan a las nuevas generaciones de mujeres, transmitiéndoles el gen, pero con resultados muy extraños, cuando esta naciente generación se estrella con los cambios sociales que se están llevando a cabo. Porque es bueno darnos cuenta de que el cambio se está dando, pero lo primero que aparece es turbulencia.

Todo este tumulto de ideas, de tradición, de choques, vive en las familias de hoy, y las familias de hoy son más disfuncionales de lo que se cree por esas razones. Nuestra sociedad nos muestra cómo esa idea preconcebida de "hombre" daña la visión del mundo.

Por eso es necesario hacer un cambio, un cambio desde el fondo de cada uno; un cambio drástico, positivo, difícil.

Como ese gen (que no es natural) se ha implantado en nosotros, sin importar nuestro género, hace parte de nuestras creencias, de nuestros pensamientos. El gen "machista-patriarcal" es el que nos ha dañado a los machos de formas indescriptibles. Gracias a ese gen es que la humanidad decae, la moral se pierde, el medio ambiente peligra.

Cuando digo que los hombres venimos dañados "de fábrica" me refiero a ese gen, a esa idea que vive dentro de nosotros construida desde miles de años atrás.

Es nuestro deber reconocerlo, aceptarlo. Para los mismos hombres es algo terriblemente difícil, nuestro ego no nos permite verlo.

Entonces está (aunque no debería) en las mujeres ver ese gen y tomar las medidas necesarias para que no las agreda nunca más. A lo que me refiero es que cuando las mujeres se apropien de la idea: "todos los hombres están dañados", entonces generarán los cambios necesarios en sus propias vidas para impedir que esos "daños en los hombres" las lastimen, las agredan o lleguen a sus vidas.

El "Segundo Turno" después del trabajo

Imaginemos una pareja joven, digamos, Ana y Carlos. Ambos tienen trabajos de tiempo completo, salen a la misma hora y llegan a casa casi al mismo tiempo, ambos cansados.

- Lo que hace Carlos (el gen patriarcal): Al llegar, suelta el maletín, se quita los zapatos y se sienta en el sofá a "descansar". Prende la tele o mira el celular porque "tuvo un día pesado" y "merece un descanso".

- Lo que hace Ana (la costumbre invisible): Llega igual de cansada, pero automáticamente empieza su "segundo turno". Saluda, va a la cocina, empieza a pensar en la cena, revisa las tareas de los niños y pone una lavadora.

- El problema: Ambos trabajaron 8 horas, pero socialmente, el "trabajo" de Carlos (el proveedor) se considera el que merece descanso inmediato. El trabajo de Ana (también proveedora) se suma a la carga invisible de la casa, que la sociedad (y a veces ella misma) asume que le "toca" a ella.

El almuerzo del domingo y la "policía" generacional

Pensemos en el típico almuerzo de domingo en casa de los abuelos.

- Dónde están los hombres: Después de comer, los hombres (abuelo, padres, tíos, yernos) están sentados en la sala, viendo el partido de fútbol o hablando de política.

- Dónde están las mujeres: Las mujeres (abuela, madres, tías, nueras) están en la cocina, levantando los platos, lavando la loza, sirviendo el postre y preparando el café.

- El gen en acción (la crianza): Si uno de los niños (varón) intenta entrar a la cocina a "ayudar", es muy probable que la misma abuela o su madre le diga: "No, mijo, vaya juegue con sus primos. Aquí estamos nosotras". Pero si una de las niñas se queda sentada en la sala con los hombres, le dicen: "Mija, venga ayude a su mamá, no sea perezosa".

- El problema: Aquí vemos cómo las propias mujeres, educadas en esa "mala ecuación", se convierten en las guardianas del gen machista. Están educando activamente al niño para que entienda que su lugar es el del descanso (el trono), y a la niña para que entienda que su lugar es el del servicio invisible.

Teoría 2: Los hombres somos infantiles, por culpa de las mujeres

Lo más importante de esta teoría es que los hombres somos infantiles. Este concepto envuelve la inmadurez, la cobardía, la falta de compromiso y un montón de cosas más.

Lo otro que es vital aquí es que es culpa de las mujeres, y en primer lugar, es culpa de las mamás.

Sí, es difícil de tragar, pero desde el comienzo les pedí una mente abierta, y para este caso, un corazón abierto.

Porque eso que llaman "amor materno" puede llegar a ser uno de los obstáculos más grandes para el crecimiento personal, tanto de hombres como de mujeres.

Para entender por qué, tenemos que ir mucho más atrás de nuestras abuelas. Esto viene de la división sexual del trabajo que se inventó hace miles de años. La idea era simple: el hombre salía a la "esfera pública" (la caza, la guerra, el trabajo, la política), y la mujer se quedaba en la "esfera privada" (la casa, los hijos, la comida).

Este modelo se volvió ley. En sociedades como la antigua Grecia, el papel de la mujer era exclusivamente el hogar. La mujer no tenía voz ni voto, y literalmente pasaba de ser propiedad de su padre a ser propiedad de su esposo. Su única función era administrar la casa y, sobre todo, cuidar de los demás (primero del padre, luego del esposo y siempre de los hijos).

El lío es que, con el tiempo, esta *función* (cuidar) se nos vendió como una *característica biológica* (el "instinto maternal").

Los estudios históricos muestran que la idea del "amor materno" como un sacrificio total y abnegado es en realidad una construcción social, especialmente fuerte en los últimos siglos. Se empezó a idealizar a la madre como un ser de "sacrificio continuo" y "sublime abnegación", cuyo amor era tan grande que podía (y debía) "tolerar los defectos de sus hijos y perdonarlos por sus acciones, sin importar su gravedad".

Ahí está la raíz del problema. A las mujeres se les educó por milenios para que su valor no estuviera en ellas mismas, sino en su capacidad de *cuidar y perdonar* al hombre.

Y ahora, volvamos a nuestras abuelas.

Nuestra generación actual, la de padres y madres entre los 30 y 40 años, tiene una influencia altísima de la generación de abuelas y bisabuelas. Solo falta echar un vistazo a esos tiempos para descubrir de qué estoy hablando.

Si ustedes, queridas lectoras (y lectores), deciden hacer un pequeño trabajo de investigación sobre las historias de las mujeres de su pasado (pero ojo, no la historia romántica donde "todo tiempo pasado fue mejor", sino la historia real de sacrificios que todas y cada una de ellas vivieron), van a tener una mejor visión de lo que expongo. Nuestras abuelas fueron las víctimas perfectas de ese gen machista, criadas con esa idea de "sacrificio total".

En mi recopilación de historias de mujeres he podido ver el enorme sacrificio que nuestras abuelas tuvieron que hacer para sacar adelante a sus hijos; sacrificios que hoy en día una sociedad analítica y coherente no podría aceptar.

Por un lado, nuestras abuelas vienen de la última generación de la "aceptación" (y estoy siendo muy optimista con lo de "última"). Ellas aceptaban el destino que les había tocado agachando la cabeza, permitiendo que el hombre hiciera lo que le daba la gana, mientras ellas tomaban una posición invisible. Claro que tenemos un abanico social bastante amplio, pero para mujeres de alta sociedad o humildes las cosas eran iguales: vivían bajo la superioridad masculina sin decir ni pío.

¿Quieren saber por qué los hombres son malos en la cama? Bueno, no todos, pero tú sabes más de eso que yo.

Bueno, pues en parte viene de la idea de superioridad generada por ese instinto infantil que ellas mismas crearon.

Para las mujeres de esa época, vivir con un hombre implicaba satisfacer las necesidades de él. Pero para ese hombre, satisfacer sus necesidades con su pareja era más un deber, una muestra de su poder. Cuando este hombre realmente quería explorar las mieles del placer, buscaba a otras mujeres; mujeres a las cuales les pagaba.

Ahí está el lío: si te pagan por algo, no vas a decir que lo que hace el cliente está mal; por el contrario, lo llenas de halagos. Millones de hombres en la historia vivieron convencidos de que eran los mejores amantes, o los mejores en algo, y simplemente les habían dicho lo que querían escuchar, igual que a niños que no admitirían la verdad. Por eso las mujeres, en distintos ámbitos, tomaron la decisión de fingir los orgasmos, manteniendo la mentira durante generaciones.

Eso lo dejo como apunte. Ahora sigo con la idea.

Para esas abuelas (educadas para el sacrificio), solo había dos cosas para hacer con sus hijos: educar hombres para que continuaran haciendo las mismas cosas que sus padres, o educar mujeres para hacer lo que ellas mismas hacían: soportar.

Hacían esto porque en la sociedad de ese entonces no había otra salida para ellas: o eran esposas, o eran monjas, o eran prostitutas, o eran las terribles "solteronas". Y es increíble pensar que para la sociedad esta última opción era la peor. La sociedad misma las bautizaba con esas opciones, negándoles la posibilidad de ser independientes.

Y todo eso vive en nuestras madres de hoy, que, aunque viven en otro tipo de sociedad, aún continúan transmitiendo el gen patriarcal-machista a sus hijos e hijas.

Toda madre desea "lo mejor" para sus hijos e hijas, eso es innegable. Pero recordemos el peso generacional que viene sobre esas mujeres (el del "sacrificio") y lo que han tenido que hacer para seguir adelante: ellas han vivido en un mundo de hombres. Nuestras tatarabuelas vivieron en una sociedad donde la mujer no tenía derechos, dependían del hombre o eran dominadas por él. Así que, ese "lo mejor" estaba totalmente dependiente de esas ideas generacionales, y esas ideas se transmiten por ósmosis, casi sin esfuerzo.

"Lo mejor" para un hijo en esa época era muy diferente de "lo mejor" para una hija. Esos niños y niñas crecían alimentados con esas ideas, repitiendo lo mismo cuando era su turno de ser padres y madres, repitiendo el ciclo hasta nuestros días.

"Lo mejor" para el hombre era ser fuerte, prepararse para la "dominación", para obtener el poder, para conquistar a las mujeres. "Lo mejor" era estar a la altura, no expresar sus emociones, jamás dejar ver su lado sensible.

Dentro de ese universo, al hombre se le cuidaba con exceso. (Aquí aplica la idea de la madre que "perdona todos los defectos"). No se le dejaba hacer gran cosa en la casa porque debía prepararse para "salir a cazar... digo, a trabajar". No podía hacer ninguna cosa que lo relacionara con "responsabilidades femeninas". Desde ese entonces, las mujeres creaban la idea del trono que el hombre debía ocupar.

Y así continúa hasta nuestros días, a pesar de la negación de una gran parte de la comunidad femenina. Pero no podemos darle la espalda a este hecho, tiene demasiadas consecuencias en el presente como para pasarlo por alto.

Si te dedicas a escuchar a mujeres entre los 48 y 60 años, en una charla casual, escucharás frases como: "es que las niñas de hoy no saben que deben cuidar a sus esposos", "ya las mujeres no son como una, que sí sabía cómo atender al marido, ellas no saben hacer nada", "a mí de madre me preocupa esa mujer con la que sale mi hijo, ella no sabe cuidarlo, pobrecito".

Porque ha sido por años, más de 18, que hemos visto los comportamientos machistas de padres y madres, pero las más machistas son las madres. Ellas son las que crean una poderosa dependencia en los hombres, les permiten cosas que a las mujeres no, los "entrenan" con la idea del poder, y al mismo tiempo los "consienten" (recordando su rol de "sacrificio") al extremo de convertirlos en lisiados emocionales.

Esa idea de querer evitar el dolor y el sufrimiento es para las madres un caballo de batalla constante, y ese es un terrible método para desarrollar la autoestima. Al querer evitar el dolor, no permitimos que los niños enfrenten sus fracasos. Las mamás siempre quieren que salgamos bien librados, por lo que rodean a los niños de una burbuja "protectora" que limita el acceso al dolor.

Por eso se dedican a terminarles las tareas para las que están perfectamente capacitados, o simplemente no les permiten hacerlas. Están listas para llenar cualquier necesidad, incluso antes de que la pidan. De muchas formas, no nos permiten afrontar nuestros fracasos, por eso los niños no aprendemos a perder y mucho menos aprendemos a tener éxito.

Nuestras madres sobrevaloran nuestros logros, premiando en exceso cada pequeña meta alcanzada (en la cual ellas tuvieron mucho que ver). El hombre comienza a sentir que puede lograr todo con el menor esfuerzo.

Otro aspecto complejo de esa relación madre-hijo es que los hombres no sentimos la necesidad de expresar nuestras emociones. Mamá siempre está ahí para sanar, para acompañar, para dar amor, pero como ella no pide nada a cambio (ella es "abnegación"), nosotros aprendemos que lo natural es exigir cariño, afecto, cuidado, sin tener la obligación o necesidad de devolverlo, expresarlo o sentirlo.

Y recuerden que son años, casi dos décadas de ese proceso, por el cual esas ideas han entrado en nuestro subconsciente. Se han arraigado de tal forma que es lo que creemos, sin lugar a duda o análisis. Fue entregado a nosotros por nuestras madres (que a su vez lo aprendieron de sus madres) y eso es sagrado. Así vuelve a implantarse el gen machista-patriarcal.

De esta manera llegan los hombres a las relaciones: con una inmadurez emocional de proporciones gigantescas, con la idea de que somos todopoderosos, los primeros y, de cierta manera, los más importantes.

Muchas de las consecuencias de estas características masculinas pueden verse en los matrimonios de los últimos 50 años: el enorme porcentaje de matrimonios fallidos, así como el otro porcentaje de matrimonios que no funcionan. Cuando vemos a fondo estas relaciones, se han dañado o no funcionan adecuadamente, en su mayoría, por culpa del hombre.

La familia donde uno se cría es un factor clave para el hombre. En un ambiente patriarcal-machista, el hombre crece con una falsa seguridad, porque sabe que la sociedad lo busca con esas características. En un sentido estricto, sabe que para los hombres muchas cosas "están dadas", son más sencillas.

Este hombre no se esfuerza demasiado por corregir sus fallas emocionales, ya que no las ve jamás. Para él, todo lo que es, está bien, es perfecto.

Así que llega al mundo solicitando su puesto de poder, poder sobre las mujeres, donde no le importan los sentimientos, ni las necesidades de la pareja. Para este hombre, el prestigio y la notoriedad son lo principal.

Estos hombres se dividen en subcategorías que están marcadas por el nivel sociocultural en el que se mueven. Por un lado, están esos que buscan un reemplazo para su madre; por otro, los que necesitan dominar; mientras que otros solo van con la corriente sin demasiadas aspiraciones, ya que sienten que con el mínimo esfuerzo las cosas se les darán. Viven en un engaño que ellos mismos se crearon y que difícilmente podrán dejar.

Como lo dije antes, todos los hombres, desde hace ya muchas generaciones, estamos dañados de fábrica. Es más, no existe ningún hombre en la actualidad que no se vea afectado de una u otra forma por el gen patriarcal-machista. Recuerden de dónde vienen estos hombres, de qué familias, de qué tradiciones, y podrán ver de lo que estoy hablando.

Somos seres defectuosos, que nos presentamos como la perfección total.

He visto con sorpresa cómo, cuando alguien empieza una relación con un hombre, lo consideran completo, sano, sin grandes defectos. Ese es uno de los más grandes errores de la sociedad actual.

Somos inmaduros, vagos, egoístas, lisiados emocionales, voluntariosos, inseguros, miedosos... en fin.

Desde tiempos inmemoriales, todo eso se ha arraigado en nosotros por educación, filtrado en nuestras familias por las creencias y tradiciones.

Muchos y muchas no quieren aceptar esta idea, la niegan. Pero cuando vemos la sociedad actual, con su régimen patriarcal-machista, vemos que las cosas no están bien, ni social, ni política, ni económicamente hablando.

Aunque no lo queramos admitir, los hombres somos dependientes de las mujeres. Como seres humanos, estamos formados por los dos hemisferios (macho-hembra), pero el "gen dañado" nos ha hecho ignorar nuestra parte femenina.

Una de las cosas de la naturaleza es que quiere que los humanos construyan el mejor equipo de seres sobre la faz de la tierra, un equipo que sea capaz de llevar a la sociedad al siguiente nivel, pero con ese vacío en nuestro proceso, todo se ha desviado.

Por eso es que los hombres necesitamos a las mujeres, pero no como aliadas, sino como un soporte, como un bastón para llenar ese vacío. El hecho de que nuestras madres (siguiendo ese rol histórico de cuidadoras) no nos hayan preparado para enfrentar nuestras emociones, para comprender nuestros sentimientos, para vencer y transformar el miedo y el dolor, nos ha dejado vulnerables.

Ante nuestra ceguera, usamos a las mujeres como objetos sexuales o sociales, pero no comprendemos su verdadero valor para la sociedad y para nosotros como individuos.

Es curioso: dependemos de tal forma de las mujeres que eso mismo nos lleva a crear conflictos donde no los hay. Nuestro miedo al abandono es tan poderoso que podemos crear una dependencia disfrazada de amor, porque es algo que sabemos hacer muy bien: disfrazar nuestras carencias como si fueran amor. Pero, como veremos más adelante, del amor no sabemos nada.

Los hombres somos infantiles. Esa inmadurez, que a muchos les puede parecer inofensiva, es de lo más peligroso. Solo durante los últimos 50 o 60 años se ha implementado en el mundo [el concepto de] violencia de género; el mundo ha comenzado a mirar cómo los hombres, en su falsa posición de superioridad, toman las vidas y la dignidad de las mujeres.

Es increíble pensar que las leyes (creadas por hombres) no castigaban a los violadores o agresores sexuales con severidad. Eso significaba en esa época (y aún significa) que las mujeres tienen menor valor y que agredirlas es tan significativo como golpear un auto.

Cuando un hombre golpea a una mujer es porque ese sentido de niño inmaduro le sale a flote: como no le hacen caso, entonces en su rabieta golpea, grita, insulta, amenaza, mata.

Muchas mamás mayores de 50 se disgustan cuando llegamos a este punto en las charlas, pero cuando sacamos a relucir el porcentaje de casos de violencia de género que existen en el mundo, entonces se quedan frías, porque son sus hijos los que promueven esa violencia y ellas (criadas en el "sacrificio" y la "negación") lo habían negado.

Teoría 3: Los hombres somos inseguros

Sé que muchas mujeres ya saben esto, pero por alguna razón, es como si no lo supieran. Se arman grupitos donde ese es el tema principal, pero se queda más en una simple queja que en un análisis que sirva de algo.

Pero ¡ojo!, las mujeres saben que los hombres son inseguros... "todos, menos sus hijos". Y la historia se repite.

En ese proceso de crecimiento donde se nos hacía todo (como vimos en la teoría anterior), no se nos dejaba explorar nuestros límites por miedo a que sintiéramos dolor. De esa forma, no conocimos de verdad nuestras capacidades; de alguna manera, las cortaron. Cuando fallábamos, siempre había alguien ahí para recoger los pedazos, algo que debió ser nuestra responsabilidad, pero que no aprendimos.

Por eso, cuando crecemos, no podemos enfrentar ciertas cosas porque no tenemos las herramientas para atravesar los problemas. Sencillamente, no aprendimos a ser resilientes.

Lo más curioso de todo es que lo sabemos. Quiero que entiendan que nosotros los hombres sabemos de esa falta de herramientas, la sentimos todo el tiempo. No lo andamos gritando por ahí, pero lo sabemos. Es más, ese "saberlo" es lo que nos hace inseguros.

Y existen diferentes maneras de ocultarlo o ignorarlo. Como vimos en los ejemplos, podemos:

1. Usar la soberbia (como "Javier", el "Sabelotodo").

2. Tenerle miedo a todo (como "David", el que "Huye al compromiso").

3. O encontrar a alguien igual a nuestra madre para que llene los vacíos (como "Miguel", el "Lisiado Emocional").

Ninguna de las anteriores tiene un buen final.

Caso 1: El inseguro que usa la "Soberbia" (El "Sabelotodo" de la oficina)

- El caso: Pensemos en "Javier", un jefe de equipo. En las reuniones, nunca puede admitir un error. Si un proyecto se atrasa, la culpa es del cliente que cambió los requisitos, del otro departamento que no entregó a tiempo, o de un junior de su equipo que "no entendió la orden".

- La raíz de la inseguridad: Javier fue criado como el "niño genio" de la casa, donde (como vimos en la Teoría 2) su madre le aplaudía todo y nunca lo dejó fallar. Ahora, en el mundo real, su ego es tan frágil que su mayor miedo es que descubran que no es perfecto.

- Cómo actúa: En lugar de decir "me equivoqué, vamos a arreglarlo", se blinda con arrogancia. Critica a los demás para sentirse superior, alardea de sus logros pasados y no escucha las opiniones de su equipo, porque escuchar implicaría que él no tiene todas las respuestas. Es el hombre del ejemplo del accidente de tránsito que mencionas: prefiere pelear antes que aceptar su culpa.

Caso 2: El inseguro que tiene "Miedo" (El que huye al compromiso)

- El caso: Este es "David". Lleva un año saliendo con "Laura". La relación va bien, ella es increíble, pero justo cuando empiezan a hablar de un futuro (como mudarse juntos o planear unas vacaciones largas), él empieza a "sacar el cuerpo". Se vuelve distante, pasa más tiempo con sus amigos y finalmente rompe con ella diciendo la frase clásica: "Es que 'no estoy listo'" o "No eres tú, soy yo".

- La raíz de la inseguridad: David vio a sus padres tener un matrimonio lleno de peleas (o quizás tuvo una ruptura muy fea en el pasado). Como nunca le enseñaron a manejar el dolor o el fracaso (Teoría 2), le tiene pánico a la responsabilidad emocional.

- Cómo actúa: Tiene miedo de fallar, de no estar a la altura, o de que la relación se vuelva difícil y él no sepa cómo manejarlo. Como no tiene las herramientas para construir, le es más fácil huir y "escapar sin dar explicaciones", tal como escribiste. Evita el reto para evitar el posible fracaso.

Caso 3: El inseguro que busca un "Reemplazo de su madre" (El "Lisiado Emocional")

- El caso: Este es "Miguel". Al principio de la relación, era un encanto, pero ahora, "Sara" se siente agotada. Miguel no sabe dónde están sus propias llaves, espera que Sara le recuerde sus citas médicas, le pregunte qué quiere de cenar y, básicamente, le organice la vida. Si Sara tiene un mal día y no está de humor para "atenderlo", él se molesta y se comporta como un niño al que no le dan su dulce.

- La raíz de la inseguridad: Miguel es el "niño consentido" de la Teoría 2. Su madre le hizo todo: le lavaba, le cocinaba, le resolvía los problemas. Él nunca aprendió a ser autosuficiente.

- Cómo actúa: Busca inconscientemente a una mujer que continúe el trabajo de su madre: ser su cuidadora. No busca una compañera, sino una administradora. Es incapaz de tomar decisiones por sí mismo y espera que su pareja gestione su malestar y resuelva sus problemas, convirtiéndose en ese "hoyo negro que consume toda la energía" del que hablas.

1. El inseguro con soberbia

Cuando usamos la soberbia, nos ponemos por encima de todos, nos protegemos creyéndonos más que los demás, sin tener ninguna razón para ello. Por lo tanto, no escuchamos, no hacemos caso a peticiones, no estamos pendientes de las necesidades de los demás, queremos que se nos sirva todo el tiempo y nunca admitimos nuestros errores.

He visto con tristeza esos pequeños accidentes de tránsito: el culpable se pone violento contra el otro, creando momentos horribles que no permiten razonar ni solucionar nada. Incluso algunos terminan mal, muy mal. Si los dos protagonistas son hombres, entonces la lucha de egos y la soberbia ganan, hasta llegar a finales llenos de violencia, sangre y muerte. Si en la pelea hay una mujer, ella termina agredida, porque "de alguna manera, ella debe tener la culpa". En el mundo de hoy hay un pensamiento general de que las mujeres son malas conductoras, otro de esos falsos paradigmas dictados por el gen patriarcal-machista.

En el trabajo, entre más alto sea el puesto de este tipo de hombres, más viscerales serán sus reacciones con la gente a su cargo. Un hombre así no puede dejar ver su lado débil, o permitir que sus fallas se noten, así que "todos tienen la culpa menos él". Siempre está buscando excusas para culpar a los demás; siempre él hace lo mejor mientras los otros son los equivocados. Utiliza su poder para humillar, para obligar a los demás a asumir culpas que no les pertenecen.

En las relaciones, la soberbia masculina es la que causa los malos tratos a la pareja. Estas mujeres pierden a su confidente, a su compañero, a su amigo, para toparse con una pared fría, distante y siempre molesta. Los hombres llenos de soberbia llegan a consecuencias extremas con tal de no dar su brazo a torcer, de no permitir que el otro tenga la razón.

Estos hombres, al ser inseguros, buscarán en varias partes y de diferentes formas ser halagados, admirados y protegidos. Lo dije antes: a estos hombres solo se les dice lo que necesitan escuchar, pero no la verdad. Así es como son infieles, corruptos, tramposos, desleales; buscan el beneficio sin pensar sobre quién tienen que pasar. Cuando son descubiertos, se defienden violentamente o culpan a otros de sus acciones.

Existen muchos casos en el siglo XXI donde podemos ver a este tipo de hombre soberbio: dirigentes muy importantes en el mundo de los negocios o del deporte, que crearon sus logros manipulando los resultados, haciendo trampa, moviendo los hilos bajo cuerda para obtener la victoria, para sostener su poder; ese poder que los protege de la verdad. Algunos de esos casos han salido a la luz, pero aun así estos hombres jamás aceptan sus errores. Inclusive después de que la ley ha demostrado sus crímenes, ellos se siguen escudando, protegidos por el dinero, las influencias y la generación patriarcal que los rodea.

2. El inseguro con miedo

En el caso de los hombres que le temen a todo (como "David"), pues bueno, son hombres reservados, callados, que no toman riesgos, que no asumen responsabilidades. Hay que ver que estos hombres le huyen al compromiso, a tomar decisiones, a que les hagan daño, a afrontar un reto, a perder, a ganar.

Lo peor es que deben socializar, deben entrar en contacto con otros para poder vivir, pero a todo eso le temen. Crean entonces caretas, excusas, maniobras para poder enfrentar esas penosas circunstancias, pero todo es falso, todo se desmorona en el primer momento donde deban encararlo. El miedo es un factor poderoso, construye ilusiones gigantes para que el hombre se oculte en ellas.

Si uno de estos hombres está en una relación, no sabrá en primer lugar cómo llegó hasta allí, no comprenderá por qué esta persona está interesada en él, no creerá nada de lo que le digan, no confiará en esa persona. Por lo tanto, no será capaz de crear lazos, de comprometerse, de ser alguien de fiar. Al primer problema, escapan sin dar explicaciones.

Yo puedo dar fe de lo que les cuento en esta parte (bueno, puedo dar testimonio de casi todas las teorías). Una de las cosas que me impulsó a escribir este libro fue que vi cómo yo era así, cómo había actuado de maneras equivocadas creyendo que estaba bien.

Cuando tenía unos 22 años ya había tenido varias relaciones, aunque ninguna estable o seria. Yo sentía un gran cúmulo de emociones que no sabía manejar, que no eran correspondidas, por lo que solo conocía la parte de sentir, pero nada de crear empatía o manejo de circunstancias. Entonces, según yo, me enamoré. Sentía aquella emoción con tal fuerza que creí que era la absoluta verdad.

Fue una experiencia emocionante, en parte porque uno de mis grandes sueños (inconscientes en ese entonces), era tener una hija, en parte porque *parecía* que era correspondido. En ese sentido, yo sabía que no lo era, pero me inventaba la aceptación para poder continuar sintiendo, me metía en la mentira para vivir una ilusión.

Una tarde, luego de casi un año de "relación", me llamaron para terminarme. Sí, por teléfono.

Claro que fue duro, muy duro, pero yo no tenía idea de cómo manejar el dolor; siempre me habían tenido guardado en una burbuja, además de añadirle alguno que otro trauma de la niñez que influía negativamente en mi percepción de las cosas. Entonces, sin darme cuenta, lo que hice fue guardarme en un lugar seguro, meterme de nuevo en una burbuja: no permitir que el amor llegara de nuevo a mi corazón (o eso que yo creía que era amor).

Entonces, durante casi 20 años saboteé cuanta relación tuve. Sí, así fue como inicié mi camino de abandonar mujeres, por puro miedo, por pura inseguridad de mis capacidades afectivo-emocionales. Eso me dejó solo, destruido, vencido y mal, muy mal.

Pero lo más curioso de toda esa experiencia es que yo estuve convencido durante esos 20 años que estaba haciendo lo correcto, que abandonar a esas mujeres para evitar que me hicieran daño (causándolo yo a ellas) era algo positivo en mi vida. Para mí, yo era un héroe.

Podemos llegar a creer que actuar de esa forma es valiente, correcto, es normal. No vemos el sufrimiento que causamos en los otros, solo nos importa nuestro bienestar, pero no hacemos nada para enfrentar la adversidad, o las relaciones, o la vida. Simplemente nuestra inseguridad nos tiene ocultos.

Puedo ver en este presente a cientos de hombres que se esconden de sentir, que actúan como seres sorprendentes, llenos de virtudes, inalcanzables para estar en una relación. Solo viven aventuras pasajeras, se les ve con varias mujeres viviendo la "gran vida", pero en el fondo, están vacíos, perdidos. Tanto que hacen todo lo posible para evadirlo: no pueden estar solos, no saben estar solos, por lo que se pierden en fiestas, licor, drogas o poder, mucho poder.

3. El inseguro que busca reemplazo materno

Para los hombres que buscan un reemplazo de su madre (de alguna forma inconsciente es algo que muchos hacemos, como "Miguel"), las cosas no son mejores. Son lisiados emocionales, dependientes de casi todo lo que implica una responsabilidad o un esfuerzo.

Necesitan que les digan qué hacer y cuándo. Son hombres que no pueden estar solos, que necesitan estar en una relación, que siempre miden a su pareja con la "vara materna", de tal forma que cambian de persona cuando esta no cumple los requisitos.

Todo ese miedo, toda esa inseguridad se mantiene porque el hombre no se dedica a una labor en especial: la labor de conocerse, de medir sus capacidades, de probar sus límites. Ese desconocimiento es el que no nos deja profundizar en nosotros mismos, el que nos ciega frente a las posibilidades, el que nos hunde en nuestra propia mediocridad.

Siendo ese el caso, no nos conocemos. Así que, de igual manera, no conocemos a las mujeres. No queremos conocerlas, porque no sabríamos qué hacer con toda esa maravillosa información. No deseamos conocerlas como género, de la misma manera que no queremos conocerlas como individuos. Nuestro propio miedo nos impide llegar a crear comunicación, a generar empatía, camaradería, complicidad, unión.

Los hombres que buscan en las mujeres el reemplazo de su madre pueden crear una imagen de solidez frente a su pareja. Parecen buenos hijos, hacen todo por sus madres, así que para las mujeres son partidos "apropiados". Tarde descubren el error, porque una vez han "asegurado la presa", estos hombres muestran toda su dependencia.

Son como un hoyo negro que consume toda la energía de la pareja, son desgastantes. A tal medida que, en ocasiones, pueden dominar a la pareja hasta el punto de que ella misma se anula, desaparece bajo la imagen de la "madre-esposa".

Esta inseguridad profunda que poseemos algunos hombres hace que seamos muy malos perdedores, así como pésimos ganadores. Cuando perdemos, lo negamos o nos hundimos. Cuando ganamos, pasamos por encima de todos sin compartir, sin dar crédito.

Es increíble, pero es el miedo el que a veces nos lleva a tomar la decisión de abandonar a nuestras parejas. De ahí tantas relaciones que "tenían todas las de ganar" y que se terminan sin una explicación clara.

Estos hombres pueden llegar a ser exitosos en el mundo laboral o, llegar al extremo opuesto de estar siempre a la sombra. Con el tiempo, los hombres de este tipo que son exitosos se pierden obsesivamente en ese poder, porque la única forma de sentirse a salvo es estando arriba. El miedo no les permite afrontar el error, por lo que son el caldo de cultivo para la corrupción. Estos hombres son los intermediarios que ayudan a los ambiciosos a lograr sus metas mientras ellos se aprovechan del éxito.

Lo que debe tenerse claro con hombres así es que para ellos ninguna mujer, jamás, podrá ser igual a su madre. Por lo que vivirán en una eterna frustración que puede derivar en violencia, manipulación, mentiras o dependencia.

Estos hombres no conocen la forma de dar afecto porque sienten que la mujer es la que debe entregar, cuidar y amar. Ellos, en cambio, pueden hacer lo que sea, incluso cometer errores sin ser regañados o corregidos. Estos hombres deben ganar en toda circunstancia, de lo contrario generarán el caos. Hacen pataletas de todo tipo, manipulan para salir ganando, son berrinchosos, caóticos y aberrantes.

El Pánico a Perder el Trono: La Inseguridad como Sabotaje

Para entender por qué esta inseguridad masculina es tan agresiva, tenemos que verla en un plano más grande. No es solo una inseguridad personal de "no sé cómo manejar mis sentimientos" o "me da miedo fracasar". Es, sobre todo, una inseguridad estructural: el pánico a perder nuestro lugar de dominio en la sociedad.

Recuerden el "gen patriarcal-machista" de la Teoría 1. Ese gen nos ha dicho por milenios que "ser hombre" significa estar arriba, mandar, tener el control. Nuestro valor, durante generaciones, no venía de quiénes éramos por dentro, sino del poder que teníamos *sobre* los demás (especialmente sobre las mujeres).

¿Qué pasa cuando el grupo que has dominado por siglos empieza a pedir igualdad? ¿Qué pasa cuando la mujer empieza a votar, a estudiar, a trabajar, a ganar su propio dinero y, peor aún, a opinar y a superarte?

El hombre inseguro (el lisiado emocional de la Teoría 2) entra en pánico total.

Porque si ella es igual, ¿entonces qué soy yo? Si ya no soy "el jefe" por derecho de nacimiento, mi identidad (construida sobre esa falsa superioridad) se cae a pedazos.

Y aquí es donde el hombre inseguro saca sus peores armas y su táctica más sucia: el sabotaje constante a la emancipación de la mujer.

No hemos jugado limpio. Nunca.

- Sabotaje Histórico: Cuando las mujeres pidieron votar, nos reímos de ellas, las llamamos locas, las metimos presas. Cuando quisieron estudiar en la universidad, dijimos que su cerebro "no estaba hecho para eso" y que "descuidarían el hogar".

- Sabotaje Económico: Creamos el "techo de cristal". Les pagamos menos por hacer el mismo trabajo, porque en el fondo tememos que nos superen o sentimos que su trabajo "vale menos".

- Sabotaje Psicológico (El de todos los días): Este es el más sutil. Es el *mansplaining* (explicarles con arrogancia algo que ellas ya saben). Es el *gaslighting* (hacerlas dudar de su propia cordura: "estás exagerando", "eres muy sensible", "eso no fue lo que pasó"). Es ridiculizarlas: si una mujer se enoja, es "histérica" o "está en sus días"; si un hombre se enoja, es "fuerte" y "tiene carácter".

- Sabotaje Social: Es interrumpirlas constantemente en las reuniones (*manterrupting*). Es robarles sus ideas y presentarlas como nuestras. Es juzgarlas por su ropa, por si sonríen o por si tienen hijos, en lugar de por su capacidad.

Todo este sabotaje no es más que el miedo de un niño (el de la Teoría 2) que tiene terror a que le quiten su juguete favorito: el poder. Es la defensa del inseguro: como no podemos ganar limpiamente en un terreno parejo (porque nunca desarrollamos las herramientas), hacemos todo lo posible para que la cancha nunca esté pareja.

Y esta cobardía para enfrentar la igualdad, este miedo a competir de tú a tú, nos lleva directo a la siguiente teoría.

Teoría 4: Los hombres somos cobardes emocionales

Es posible que la teoría anterior (inseguridad) y esta estén súper conectadas, pero hay que tratarlas por separado. Porque esta cobardía lleva a otro tipo de situaciones que seguro muchas de ustedes van a reconocer al instante.

He visto hombres capaces de hacer hazañas increíbles: subir montañas, correr maratones, empezar negocios, enfrentar peligros... pero esos mismos hombres no son capaces de comprometerse con una pareja. Huyen en cuanto escuchan la palabra "hijos" y no entienden lo que significa "familia".

¿Cómo es posible esta extraña dualidad?

Para entenderlo, debemos analizar esto: el hombre se siente fuerte cuando está con sus "pares" (otros hombres). En ese grupito, no se espera que entregue nada a nivel emocional. Ahí solo vemos el ego del líder y la sumisión del seguidor.

Ya habíamos visto a ese hombre antiguo saliendo a cazar; esa actividad que se hacía entre machos. Para eso se necesitaba a alguien con capacidades especiales, únicas: el líder. Ese líder debía ser inteligente, ágil, fuerte, con experiencia. Así los demás podían confiar en él, siguiéndolo por caminos peligrosos e inciertos.

Aún hoy, esa estructura se conserva: en los deportes de equipo siempre hay un capitán, igual que en el ejército, o en algo más simple, como las pandillas. En el trabajo siempre hay un presidente, alguien que está arriba tomando las decisiones, llevándose los premios o las derrotas.

Hoy en día, ser un líder es algo que se busca mucho, sobre todo en las empresas. Un buen líder puede llevar a un equipo a lograr grandes metas.

Pero la trampa del líder es que eso le alimenta el ego. El líder disfruta de sus propios logros, de la "dominación" (esa dominación instintiva del macho alfa). El líder se alimenta de los demás para llenar sus necesidades, pero también para callar sus miedos. Estando en la cima, el poder hace que todo lo demás desaparezca. Entonces, como una adicción, el ansia de poder crece más y más, se hace más necesaria, más vital. Más poder nunca es suficiente.

Para un hombre así, los sentimientos se anulan; debe ser siempre frío y calculador, con la capacidad de pasar por encima de quien sea para lograr su meta: más poder.

Algunos buscarán llegar al poder por mérito propio, mientras otros no tendrán ningún escrúpulo (como ya dije, ese es uno de los caldos de cultivo de la corrupción).

Mientras el líder vive en su mundo de poder, el seguidor está cómodo sin tomar la iniciativa; hay alguien que toma las decisiones por él, llevándolo por el "buen camino". El seguidor solo necesita "pertenecer", porque encuentra su fuerza en los otros, otros que él sabe que son como él: incapaces de crear, transformar o abrirse camino.

Algunas veces, la ley del más fuerte hace que algún seguidor quiera volverse líder, creando situaciones que pueden reforzar el poder del líder actual o generar un cambio de mando.

Para estos hombres solo importa el poder (tenerlo o ser parte del grupo que lo tiene). Pero para ninguno de ellos, crear lazos emocionales es vital. Al contrario, los sentimientos ponen en riesgo el mantenerse arriba de la pirámide o dentro de ella.

Aunque en ciertos círculos "tener una familia" es un símbolo que hay que mostrar, eso no significa que la felicidad de esa familia sea un requisito.

Del Conquistador al CEO: El Culto al Dominio

Este modelo de "líder y seguidor" es la base misma de la dominación masculina y su miedo a las emociones. Pensemos en los grandes "líderes" de la historia: los conquistadores, los emperadores, los caudillos. Eran hombres que construyeron su identidad sobre la base de la conquista, la fuerza bruta y la anulación total de la empatía. Para un conquistador, la emoción no es solo una debilidad; es una traición a su propio poder. Su lema es "dominar o morir".

Ese mismo arquetipo sobrevive hoy. El conquistador antiguo es el CEO de la gran corporación, el titán de las finanzas o el líder político implacable. Su objetivo es el mismo: más poder.

Estos hombres ven la vida como un campo de batalla. Las negociaciones son guerras, los competidores son enemigos y los empleados son soldados (o peones). En este mundo, la cobardía emocional se disfraza de "fortaleza profesional". Despedir a 1,000 personas sin pestañear es "ser decidido"; sacrificar a la familia por el trabajo es "estar comprometido"; no escuchar a nadie es "tener visión".

Ahora, hablemos de los "sumisos", los seguidores. ¿Por qué lo hacen? Porque el seguidor hace un pacto con el líder. A cambio de su lealtad ciega y de renunciar a su propia responsabilidad moral, el líder le da algo que él necesita desesperadamente: una identidad.

El seguidor, que en el fondo es el "lisiado emocional" de la Teoría 2 (inseguro, miedoso, incapaz de tomar decisiones), se siente fuerte al "pertenecer" a un líder poderoso. Ya no tiene que pensar por sí mismo; solo tiene que obedecer. El líder se convierte en su brújula moral.

Y es aquí donde esta dinámica desemboca en el fanatismo y los cultos.

Un culto no es más que la versión extrema de esta estructura. Tienes a un líder carismático (el "macho alfa" definitivo) que exige lealtad absoluta y anula cualquier pensamiento crítico. Y tienes a un grupo de seguidores (hombres y mujeres) que han entregado por completo su voluntad.

En un culto (ya sea religioso, político o empresarial), la cobardía emocional es un requisito. Se prohíbe dudar. La empatía hacia "los de afuera" se ve como traición. El líder te dice qué pensar, qué sentir y a quién odiar. El seguidor ya no es responsable de sus actos; "solo seguía órdenes". Esta dinámica aniquila cualquier lazo familiar o amoroso que compita con la lealtad al líder. Es la cobardía emocional llevada a su máxima expresión: la anulación total del yo.

Sí, debo ir a cuestiones más simples. La mayoría de las mujeres no están relacionadas con presidentes de empresas o países. Pero los "clanes" están ahí, tan cerca que a veces no los vemos: los equipos (del trabajo, del deporte, de cultura), los grupos de amigos para salir de fiesta, y todos esos espacios masculinos donde unos son líderes y otros añoran ser seguidores.

Puedo poner un ejemplo muy sencillo que explica esto: las famosas "reuniones de padres de familia".

Durante el siglo XX y todavía hoy, las "reuniones de padres" son, en su mayoría, reuniones de madres. Yo, que doy talleres en escuelas de padres, puedo dar fe de que es así. Aunque ha ido cambiando con el tiempo, aún esa clase de espacios son casi solo de mujeres.

Los hombres no consideran importantes esos espacios. Mientras tanto, las reuniones con amigos o "de trabajo" (que no siempre son de trabajo), están por encima de las cosas de los hijos o la familia. He escuchado muchas excusas de las propias mamás y abuelas, diciendo que los esposos o padres están "trabajando" (si es entre semana o un sábado) o están "en un partido de fútbol" (si es domingo).

Bueno, sí, ahora más padres van a las reuniones más "importantes", pero más que nada porque algunos países han puesto leyes que los obligan. Aunque la mayoría de las veces logran "zafarse" de esa responsabilidad.

Para que quede aún más claro, veamos tres casos típicos de cobardía emocional en las relaciones de pareja:

Caso 1: El "Héroe de la Oficina" (Líder afuera, cobarde en casa)

Este es "Andrés". En su trabajo, es el líder del equipo. Se queda hasta tarde, organiza las reuniones, motiva a sus compañeros y se echa el proyecto al hombro. Es el "capitán" del que hablamos. Pero cuando llega a casa, es un fantasma emocional. Su esposa intenta hablarle de un problema que tuvo, o de algo que le preocupa de su hijo, y la respuesta de Andrés es siempre la misma: "Estoy muy cansado, tuve un día terrible", "No me traigas problemas", o simplemente mira el celular sin escuchar.

El problema: Andrés gasta toda su energía "comprometiéndose" con su "clan" (el trabajo), porque ahí recibe validación, poder y estatus. Pero huye de la responsabilidad emocional en casa porque esa no le da "puntos" en su escala de poder. Es un cobarde emocional que no sabe (ni quiere) ser líder o compañero en su propia familia.

Caso 2: El "Desaparecido" en Combate Emocional

"Laura" y "Marcos" llevan seis meses. Todo es risa y diversión. Un día, Laura tiene un problema familiar serio (su madre se enferma) y ella está triste y necesita apoyo. De repente, Marcos, que antes respondía al instante, empieza a "estar ocupado". Tarda en contestar, sus respuestas son cortas y evita verla. Él no sabe cómo manejar la tristeza de ella ni sus propias emociones de incomodidad.

El problema: Marcos es un cobarde emocional que solo sabe estar en las buenas. En cuanto la relación implica un reto emocional real (apoyar, consolar, enfrentar el dolor), huye. No es capaz de comprometerse con las emociones "feas" de su pareja, así que, en lugar de afrontarlo, simplemente se retira.

Caso 3: El Abandono post-sacrificio (La huida final)

Este es el caso más trágico y común. "Elena" estuvo 10 años con "Javier". Ella lo apoyó mientras él estudiaba su maestría, ella se encargó de la casa, de los niños y hasta puso dinero de sus ahorros. Sacrificó su propia carrera por el "proyecto familiar". Ahora, Javier tiene 40 años, un puesto de gerente y éxito. ¿Y qué hace?

Abandona a Elena. Le dice que "se siente estancado", que "necesita vivir" o que "se enamoró de alguien más" (usualmente alguien más joven, que no le exige la responsabilidad emocional que Elena, con 10 años de historia, ya conoce).

El problema: Javier es el cobarde emocional supremo. Usó el compromiso de Elena para llegar a la cima, pero él nunca estuvo comprometido. En el momento en que ya no la "necesita" como plataforma de lanzamiento y la relación implica un compromiso real de gratitud y compañerismo, huye. La abandona en busca de la emoción fácil de una nueva conquista, demostrando que todo ese esfuerzo de ella no significó nada para él.

En estas relaciones con hombres emocionalmente cobardes, todo el peso cae sobre las mujeres. Ellas, de forma heroica, logran sacar adelante la relación, los hijos, a ellas mismas y hasta a sus parejas. Pueden hacer sacrificios enormes porque están completamente comprometidas. Pero la mayoría de las veces, todo ese esfuerzo no sirve de nada, porque el hombre cobarde huye, abandona, en busca de lo que él cree que es mejor para sí mismo. De ahí vienen miles de mujeres abandonadas después de haberlo entregado todo.

Teoría 5: Los hombres somos perezosos

Hablemos de pereza como la ley del menor esfuerzo. En eso, somos unos perfeccionistas.

Ya sea por la forma en que nos consintieron de niños (como vimos en la Teoría 2) o por la educación que premia el resultado y no el proceso, los hombres somos muy inteligentes para ahorrarnos todo el trabajo que podamos.

Como ya vas viendo, todo esto sigue un patrón. De la primera teoría se desencadenan un montón de características que viven en cada uno de nosotros y que nos definen de una u otra forma.

Es bueno poder verlas por separado, porque así es más fácil distinguirlas en los hombres de tu vida.

No sé qué vas a hacer tú con esta información, pero en estos años que he hablado con algunas mujeres, ellas han podido crear mecanismos para defenderse, para comprender, o simplemente para dejar la culpa a un lado y seguir adelante. Por eso te desmenuzo todo esto de la manera más clara posible, para que el viaje sea cómodo y útil.

Existe una fuerza profunda en el interior de cada hombre que lo empuja a la quietud, al descanso, a la comodidad. El hombre puede manejar con maestría la frase "no hay nada que hacer". Sé que muchas de ustedes podrán darme la razón.

Mientras que para las mujeres *siempre* hay algo que hacer, para el hombre existe la posibilidad de "no hacer nada", y es un derecho que ejercen con todo su poder.

La sociedad desde siempre ha sobrevivido gracias a diferentes tipos de trabajos. Al principio la caza, luego vino la siembra, y con los asentamientos de las comunidades llegaron nuevas y variadas labores que exigían esfuerzo si se quería sobrevivir o, en su defecto, sobresalir.

Pero ya en esas épocas hablamos de sociedades patriarcales-machistas, que le endilgaron (le "colgaron") a la mujer una amplia variedad de labores, mientras que el hombre se tomaba unas cuantas. Bueno, se tomaba una sola, que con el tiempo se transformó en lo que hoy llamamos "trabajo".

Así nacieron los maestros constructores, los herreros, los sembradores, los negociantes, los zapateros, los transportistas, en fin, puestos de trabajo que por alguna razón solo podían ser desempeñados por hombres (aunque claramente las mujeres también pueden hacerlo sin ningún problema, y lo han demostrado una y otra vez).

Pero estos "trabajos masculinos" crearon una situación muy específica: fuera de ese trabajo, el hombre no hacía absolutamente nada más. Nada de nada.

Como consecuencia, si el hombre no tenía trabajo, podía quedarse físicamente sin hacer nada durante horas, días o incluso semanas. Mientras tanto, la mujer no paraba en todo el año de hacer las varias labores que eran su responsabilidad (ustedes saben a cuáles me estoy refiriendo).

Han pasado siglos y continuamos casi igual. El lío es que, como la mujer entró de lleno "al juego" (al trabajo público) hace menos de 100 años, el proceso de cambio es lento, tan lento que casi no se nota.

He sido testigo de hombres sentados viendo la televisión, jugando videojuegos o viendo partidos, mientras las esposas están atendiendo a los niños, preparando la comida y limpiando la casa. He visto jóvenes con sus cuartos en absoluto desorden, sin bañarse, acostados mirando el celular, mientras sus madres hacen el aseo de la casa, lavan sus ropas, les preparan de comer y hasta les arreglan el cuarto.

Y todo eso pasa como si fuera la más absoluta normalidad. Así, esos hombres crecen para esparcir su legado de pereza a las generaciones siguientes.

En otra "normalidad" están esos hombres que se limitan a ser detallistas *durante la conquista*, pero que cuando la relación ya es madura o lleva algún tiempo, no realizan absolutamente ningún acto de afecto, cariño o reciprocidad. Se conforman con lo que hicieron al principio; para ellos, todo el acto de conquista fue suficiente para, de ahí en adelante, recibir los beneficios sin mover un dedo.

¿Cuántas relaciones han visto su final gracias a estos comportamientos masculinos? Hay que decirlo: no conozco ningún matrimonio o relación que se haya terminado porque la mujer era perezosa, física y emocionalmente.

De esta manera podemos meternos en la intimidad. Aquí también la pereza se deja ver con claridad.

Durante los primeros momentos de la conquista, siempre intentamos mostrar nuestra mejor cara; eso lo hacemos todos. En la intimidad hay muchos problemas, pero el hombre tapa esa condición con comportamientos que aprendió durante su crecimiento. El enamoramiento ayuda con la participación de las hormonas; ellas generan ese atractivo sexual que hace que el hombre busque los encuentros.

Pero, luego de lograr su objetivo (y dependiendo de su estado emocional), pasará una de dos cosas:

1. Cambiará de pareja para comenzar de nuevo.

2. O, si entra en una relación, con el paso del tiempo dejará a un lado el satisfacer a su pareja para centrarse en buscar su propia satisfacción. Se vuelve monótono, repetitivo, aburrido y rápido.

Una de las razones por las cuales los hombres buscan otros cuerpos es porque, de esa forma, la emoción llega sin mucho trabajo. No tienen que hacer grandes cosas para generar excitación, ya que la misma novedad crea las sensaciones.

Si un hombre lleva mucho tiempo en una relación, sentirá que para lograr una gran excitación (para él y su pareja) tendrá que trabajar mucho: crear ambientes, ser especial, creativo, involucrar emociones. En cambio, si busca una pareja nueva, el simple acto de la conquista y de "cerrar el trato" hacen que no se necesite demasiado esfuerzo.

Sí, lo sé, es contradictorio, pero así funciona, más que nada por todo eso que tenemos metido en la cabeza y que nos han inculcado desde hace tanto tiempo.

En estos hombres perezosos radica mucho la existencia de la infidelidad. Bueno, la infidelidad que tiene consecuencias. En la época de nuestras abuelas y más atrás, la misma infidelidad era parte de la cultura, de tal manera que se sabía, pero no se juzgaba. Claro, mientras la infidelidad fuera masculina... ya sabemos cómo les iba a las mujeres infieles en la época de Jesús.

Los hombres perezosos dejan de conquistar a sus parejas porque se les hace aburrido tener que hacer grandes esfuerzos con alguien que ya tienen "asegurado", así que prefieren ir a buscar emociones en otro lado. Pero las mujeres también son seres sexuales, que gustan del placer, y muchas de ellas encontraban ese placer en otros brazos.

Aunque aquí volvemos a una diferencia enorme: los hombres eran infieles con *muchas* mujeres en su búsqueda de placer, mientras que ellas podían encontrar muchas más cosas en *un solo* hombre.

Pero la aguja vuelve a rodar: el amante vivía de la emoción, del peligro. Tan pronto todo eso desaparecía, salía corriendo, a menos que obtuviera otros beneficios que hicieran que valiera la pena continuar la relación. Aunque estos amantes, al ser ocultos, podían tener más de una mujer.

En la actualidad, la infidelidad ha entrado de lleno en las relaciones, pero viene del mismo lugar que venía en la época de nuestras abuelas: la búsqueda del hombre por su propia satisfacción.

Ninguna relación es fácil. Implica una lucha, una lucha que la mayoría de las veces es con uno mismo. Porque vienes a enfrentarte a cosas que salen a relucir cuando estás con alguien muy cerca, alguien que ve más allá de tus máscaras. Frente a ese alguien, se vuelve difícil ocultar lo que le ocultábamos al mundo.

Entonces nos enfrentamos a nosotros mismos en un ambiente de no saber qué hacer: ¿seguimos igual o cambiamos?

Para el hombre, desafortunadamente, su posición de poder lo encierra en un solo camino: el de seguir igual. Porque esa es su zona de confort, es donde se siente seguro, por lo que no arriesgará eso por nada del mundo, ni siquiera por la mujer que está a su lado o su familia.

Los hombres hemos sido bombardeados millones de veces con la idea de que somos sementales poderosos. La mayoría sigue esa filosofía incluso durante el matrimonio: tener sexo muchas veces con varias mujeres da estatus, poder, dominación. La otra parte simplemente no encuentra su lugar dentro de la intimidad sexual, por lo que caen en círculos viciosos que la mayoría de las veces terminan en perversiones insanas.

Este hombre perezoso ha sido el creador de una variedad de movimientos donde el sexo es el eje central. Los hombres con poder han creado "situaciones" donde desahogar sus deseos; muchas se mantienen hasta hoy, otras, con la evolución de la tecnología, han crecido como negocios muy lucrativos. En la mayoría de estas "situaciones", la mujer es solo un objeto para satisfacer al hombre.

Creo que para el hombre en general se han dado accesos a estas "situaciones" como parte de su proceso de crecimiento. Hasta ahora sigue siendo igual, tanto para aquellos que son incitados por sus padres, amigos o pares, como para aquellos que, sin seguridad de obtener información adecuada, se dejan llevar por la curiosidad.

En este tiempo parece que todo lo que tiene que ver con el sexo se puede encontrar en una página de internet. Pero esto es resultado de la misma pereza. Los hombres adultos desconocen el sexo como un valor; solo lo ven como placer. En ese sentido, no saben cómo hablar de él con otras generaciones, ni siquiera entre ellos mismos. No es un tabú, es simplemente algo de lo que no tienen la menor idea.

El punto más notorio con estos hombres perezosos es que se vuelven una carga, porque no ayudan con nada, apenas si aportan económicamente, dejando todo lo demás a la pareja. Y cuando digo "todo lo demás", me refiero a *todo*.

Esto desgasta la relación, porque no existe ningún compromiso. Para estos hombres, la ley del menor esfuerzo los hace exentos de comprometerse.

El otro problema es que nosotros no sabemos mucho de compromisos emocionales.

Veamos esto con tres ejemplos claros de la pereza masculina en acción:

Caso 1: El "Colaborador" que no tiene Iniciativa (Pereza Doméstica)

Este es "Daniel", que vive con "Marcela". Él jura que "ayuda en la casa", pero Marcela siente que es la gerente de un empleado perezoso. La basura se desborda hasta que ella le dice: "Daniel, saca la basura". Los platos sucios se quedan en el lavaplatos días hasta que ella pide: "Daniel, ¿puedes lavar?".

El problema: Daniel aplica la "ley del menor esfuerzo". Su pereza no es solo física (no lavar), sino mental. Le da pereza *pensar* en lo que hay que hacer, *recordar* las tareas o *tomar la iniciativa*. Espera a que Marcela asuma toda la carga mental y le dé órdenes directas, para él simplemente "ejecutar" (y a veces, de mala gana).

Caso 2: El Detallista de Aniversario... y ya (Pereza Emocional)

"Sofía" y "Javier" llevan cinco años. Durante el primer año (la "conquista"), Javier era increíble: flores sorpresa, cenas que él preparaba, mensajitos de "buenos días". Ahora, Javier se sienta a esperar que las cosas pasen. Los únicos detalles que tiene son en fechas obligatorias (aniversario y cumpleaños), y a veces ni eso.

El problema: Javier ya "hizo el trabajo". Él siente que ya "la conquistó" y que la relación debería funcionar en piloto automático. Le da pereza el esfuerzo diario de mantener la chispa, de ser creativo, de preguntar, de seducir a la mujer que *ya tiene*. Para él, eso es "trabajo" innecesario, y Sofía empieza a sentirse invisible o dada por sentada.

Caso 3: La Rutina de 10 Minutos (Pereza Sexual)

Este es el caso de "Ana" y "Carlos". Su vida sexual se ha vuelto una rutina predecible de 10 minutos. Carlos siempre inicia de la misma manera, busca su propia satisfacción rápidamente y, al terminar, se da la vuelta y se duerme.

El problema: Carlos es perezoso en la intimidad. No quiere "trabajar" en crear un ambiente, en dedicar tiempo a los juegos previos, en explorar qué le gusta a Ana o en ser creativo. Como dice la teoría, le da pereza el esfuerzo que implica una intimidad profunda con alguien "asegurado". Es más fácil y rápido hacer lo mínimo para su propia descarga. Ana, por supuesto, se siente usada e insatisfecha.

TEORÍA 6: Los hombres no nos comprometemos

La falta de esfuerzo (de la que hablamos en la teoría anterior) nos lleva directo a esta.

Por esas ideas que nos han estado metiendo en la cabeza desde hace miles de años, a los hombres nos *encanta* la rutina. Nos gusta que todo sea seguro, que no haya demasiados cambios.

En mi experiencia, he aprendido que todos los cambios son buenos. Nos empujan a mejorar, a crecer, a aprender y a poner en práctica lo aprendido. Pero los hombres amamos la rutina. Nos fascina que todo sea igual todos los días, que todo esté previsto, planeado; que solo sea "hacer" sin pensar o analizar demasiado.

En el día a día somos lo menos creativos que se puedan imaginar. Para los eventos importantes, la mayoría de las veces no se nos ocurre nada, así que buscamos ayuda, casi siempre femenina (de las amigas, las hermanas o la mamá).

Ese gusto por la costumbre, por la rutina, hace que seamos bastante malos para los compromisos *personales*.

Pero aquí hay algo muy curioso: cuando se trata de la familia (la esposa, la novia, los hijos), no sabemos lo que significa comprometerse. Mientras que, con los amigos, con los grupos, con la empresa... ahí sí podemos hacerlo.

Voy a intentar explicar esto, porque es una de esas cosas que, cuando las ves en ti mismo te dejan con la boca abierta.

Estamos ciegos, de verdad ciegos, a lo que significa crecer en familia. Para ser más claro: no tenemos ni idea de lo que la familia significa. Para muchos de nosotros, "la familia" es solo "algo" a lo que hay que pertenecer, pero no tiene un significado real. Es como una costumbre, algo cultural, entonces "lo hago porque toca".

En ese orden de ideas, pues, como que no tenemos claro qué hacer una vez que estamos dentro de un núcleo familiar o una relación. Vamos viviendo el día a día, pero como no tenemos ningún objetivo planteado a mediano o largo plazo, pues no le ponemos empeño. Es el clásico: "si no sabes para dónde vas, cualquier bus te sirve".

Recordemos que los hombres somos hijos de la "manada" (como vimos en la Teoría 4), del grupo. O somos líderes o somos seguidores, pero en una familia esas reglas no aplican. No aplican porque, según nuestra lógica, cuando uno se casa "ya hizo el deber" de conseguir pareja, y ahora la pareja está "obligada" a seguirlo. En cambio, en el mundo de los grupos, el líder tiene que ganarse a sus seguidores *constantemente*, o si es un seguidor, debe cuidarse de que sus acciones no lo saquen del grupo.

Queremos pertenecer a esos grupos a como dé lugar. Hacemos lo que sea para estar dentro, porque esos grupos nos hacen sentir que *somos alguien*.

El Compromiso del Poder vs. El Compromiso del Amor

Aquí es donde vemos la gran mentira: no es que los hombres no sepamos comprometernos. ¡Claro que sabemos! La historia está llena de hombres comprometidos *hasta la muerte* con sus "grandes causas".

Un hombre se compromete totalmente con su ejército, con su expedición de conquista, con su revolución, con su partido político, o con su "corporación". Un hombre es capaz de cruzar un océano en un barco de madera, pasar hambre y arriesgarse a morir, todo por el "compromiso" con el oro, con la conquista o con la Corona.

Pero, ¿dónde quedaba la familia en esa ecuación?

La familia era lo primero que se sacrificaba. El conquistador, el caudillo, el explorador... todos dejaban atrás esposas e hijos, a veces por décadas, a veces para siempre. Abandonaban a sus seres queridos sin miramientos por una causa más "grande".

Y aquí está la clave: la era de los reyes.

Durante siglos, el poder se adquiría por herencia, no por mérito. Un rey nacía rey. No tenía que crecer, ni aprender a ser empático, ni evolucionar como persona. Su responsabilidad le era *impuesta* por nacimiento.

¿Y cuál era su "compromiso"? Su compromiso no era con el amor, ni con su esposa. Su compromiso era con el "Legado", con el "Imperio", con el "Linaje".

En esta estructura, la mujer no era una compañera. La mujer era un objeto necesario para solidificar el poder. Los matrimonios reales no eran uniones de amor; eran transacciones de poder. Eran el sello de aprobación de una alianza militar o la forma de anexar un territorio.

La reina era, básicamente, una "fábrica" de herederos. Su único trabajo era producir un hijo varón para continuar con el linaje. Una vez cumplía esa función, el rey podía ignorarla, tener amantes o incluso desecharla si no le daba el heredero.

El compromiso del rey era con el Trono. La esposa y los hijos eran solo "accesorios" para mantener ese trono.

El gen machista-patriarcal nos enseñó eso: el compromiso real es con la "manada" (el país, la empresa, el equipo de fútbol, el grupo de amigos). La familia es secundaria.

Por eso, un hombre moderno puede estar 100% "comprometido" con su trabajo (haciendo horas extra, viajando sin parar), pero no puede "comprometerse" a llegar a casa a tiempo para cenar con sus hijos. El trabajo le da estatus, poder, dinero... le da la sensación de ser el "líder" de la Teoría 4. La familia, en cambio, le exige algo que él no sabe dar: compromiso emocional.

Por eso, no vemos el valor increíble que tiene una familia o un compromiso, hasta que es muy tarde. Incluso, algunos hombres no logran verlo nunca.

Es increíble cómo los hombres no podemos ver a la familia como parte fundamental de nuestra "manada". Es más bien como un "accesorio" que da prestigio, pero donde de verdad nos esforzamos es en el grupo. (Recuerden, queridas lectoras, que solo estoy mostrando los síntomas... mi intención es desnudar al hombre para que lo vean tal cual es).

Cuando la familia o el compromiso son un simple "accesorio", pues claro que siempre van a quedar en segundo lugar (o incluso más abajo en la lista). Y eso termina en que, casi nunca, incluimos a la familia en los planes a futuro.

Aquí es donde vemos por qué tantos hombres jóvenes creen que el matrimonio o los hijos los "atan" y les quitan libertad. Mientras que el "grupo" es el lugar donde pueden "abrir las alas" y vivir sin límites. Por eso le meten toda la plata, el tiempo y los recursos al grupo, mientras que para la "relación" no aportan nada.

Es de esa falta de compromiso de donde los hombres sacan la lógica para abandonar a las mujeres y a sus familias.

Lo que pasa entonces es que el hombre nunca ve la necesidad de comprometerse con su pareja o su familia. Para él, es algo que literalmente nunca le pasa por la cabeza. Con el paso del tiempo, esta falta de compromiso se nota más, porque el hombre pierde el interés en estar en casa o en cuidar de su hogar.

Y aquí tenemos que ver muy bien lo que para el "hombre" significa "diversión".

La diversión para el hombre es donde puede hacer lo que le da la gana sin que nadie le esté diciendo nada. La diversión es donde él hace lo que quiere, así pase por encima de los demás, incluyendo a su pareja o familia. La diversión ocurre con sus amigos, con la manada, pero no en su hogar.

Así, poco a poco, el hombre se aleja. Encuentra nuevas formas de "divertirse", porque su relación, su pareja y su familia se convierten en lo *opuesto* a la diversión. Sí, porque la familia implica trabajo, dedicación, esfuerzo, cambio, evolución. Pero la pereza (Teoría 5) hace que él decida egoístamente. Lo único importante es él.

Puede que algunas me tilden de exagerado, pero con las cosas que veo a diario, creo que no lo es tanto. Aunque sí, claro que hay hombres dedicados, pero por otras razones (por elementos psicológicos que los ponen en grupos pequeños). Pero al final, son hombres que, con el tiempo, terminan abandonando sus compromisos.

El del "Partido de Fútbol Sagrado" (El Compromiso con la Manada)
- El caso: Es el cumpleaños de la suegra de "Carlos". Él sabe que es importante para su esposa, "Laura". Pero ese mismo día juega la final su equipo de fútbol. Carlos le dice a Laura: "Ve tú, salúdala de mi parte. Yo no puedo faltar, es la final, los muchachos me están esperando".

- El problema: Carlos está 100% comprometido con su "grupo" de amigos y su "causa" (el equipo). Fallarle a la "manada" es impensable. Pero fallarle a su pareja y a la familia de ella es una opción fácil. El compromiso con el "grupo" (que le da identidad y diversión) pesa más que el compromiso emocional con su pareja.

El "Emprendedor" que nunca está (El Sacrificio por la Causa)
- El caso: "Miguel" está montando su empresa. Le dice a su novia, "Ana", que es "por el futuro de los dos". Pero la realidad es que Miguel pasa 16 horas al día en su proyecto. Nunca tiene tiempo para

Ana. Cancela citas, olvida aniversarios y, cuando están juntos, solo habla de trabajo.

- El problema: Al igual que el conquistador, Miguel está comprometido con su "gran causa" (la empresa). Ana, que cree ser su compañera, en realidad es un "accesorio" que debe esperar pacientemente. El compromiso de él es con su "legado" y su éxito (su ego), no con la construcción de una relación en el presente.

El que no define la relación (La huida de la rutina)
- El caso: "David" y "Lucía" llevan saliendo un año. Se ven todas las semanas, tienen sexo, él le dice "te quiero". Pero cuando Lucía pregunta "¿Qué somos?", David entra en pánico. "No me gustan las etiquetas", "Vamos bien así, ¿para qué arruinarlo?", "Es que me 'atan'".

- El problema: David ama la "diversión" de la conquista, pero odia el "trabajo" del compromiso. Para él, ponerle nombre a la relación significa el fin de la diversión y el inicio de la rutina y la responsabilidad. Como no tiene un objetivo claro (más allá de pasarlo bien hoy), no ve la necesidad de comprometerse con un futuro.

Teoría 7: Los hombres somos cazadores

Al ser un mamífero superior, el macho de la especie humana tiene el instinto de la cacería metido en el ADN. Es parte de él de una forma tan profunda que pocas veces pensamos en ello. En un principio, esto fue vital para la prosperidad de la comunidad, era clave para sobrevivir.

Muchos de los elementos de aquellas épocas han viajado hasta hoy. Cazar implica aventura, peligro, riesgo, adrenalina... y además da estatus, poder y visibilidad.

Los hombres de hoy, en su mayoría, ya no salen a cazar a la jungla. Ahora esas emociones las buscan en otros escenarios, y uno de los más importantes es la conquista. Principalmente, por su vínculo con el sexo como "premio" final.

Pero hay que aclarar algo: en sí, tener sexo en la conquista no es lo más importante para el hombre. Lo más importante es cómo esto alimenta su ego. Un hombre siempre mostrará lo que ha "cazado" a sus amigos (la manada). Así que, entre más, mejor.

Existen varios factores que influyen en cómo el hombre organiza sus "trofeos". No se trata solo de la *cantidad* de conquistas; el poder radica en que las mujeres en cuestión sean hermosas. De aquí nace una de las ideas que más ha marcado la conducta masculina: la belleza como símbolo de estatus.

Los hombres guapos, por "norma", deben estar con mujeres hermosas. Mientras que los hombres "feos", para tener esa posibilidad, deben tener dinero o poder (reforzando la idea de la Teoría 4 y 6). Aquí vemos cómo el poder trae beneficios al "oficio" de ser hombre. Por eso, para muchos, la búsqueda del poder es una meta obsesiva en su vida: porque le da más oportunidades de victoria en la conquista.

La mayoría de los hombres que basan su valor en la cantidad de mujeres con las que han estado, tienen serios problemas de autoestima (Teoría 3). Llenan ese vacío con la falsa idea de que su "poder" de conquista les da valor.

Pero la cacería (la conquista) está llena de mentiras.

Como si fuera un deporte, en la conquista se vale de cualquier truco para lograr el objetivo. De esta forma, el hombre puede mentir todo lo que necesite para llegar a su meta. Y la mentira, en este caso, lleva a la decepción de las mujeres.

Dentro de lo que he podido analizar, la mayoría de las mujeres buscan una conexión real. Ellas quieren "algo" y lo buscan de diferentes maneras.

Cuando un hombre se fija en una mujer, deben existir rasgos en ella que a él le parezcan atractivos (aunque a veces el "grupo" influye en eso: aunque a él no le guste ese tipo de mujer, si el grupo la considera un "trofeo", el hombre irá tras ella solo para sumar puntos).

Cuando eso sucede, la mujer se siente especial. Aunque con reservas, espera que el hombre haga algo valioso. Y es aquí donde surge la mentira.

El hombre no quiere una relación. Ni siquiera está intentando "probar" para arriesgarse luego a algo más profundo. Él simplemente busca la manera de llevar a esa mujer a la cama, y ya.

En algunos casos se trata de algo rápido: una salida a un bar en la que se pretende llevar a alguien a la cama esa misma noche para subir el puntaje. En otros, el proceso puede llevar mucho más tiempo, porque la mujer es mucho más "difícil", lo que implica que, si se logra la meta, ese hombre quedará en un lugar privilegiado dentro de su grupo.

De esa forma podemos ver dos patrones de conducta para el hombre cazador:

1. La fase de logros rápidos: Se evalúa el momento, el lugar, y se determina si ese tipo de mujer es "presa fácil". Se busca placer para una sola noche, bueno, para un solo momento.

2. La otra fase, la conquista total: El análisis es distinto. Implica que la mujer en cuestión sea "suya" de muchas maneras. Esto lleva a un proceso más largo, con más trabajo.

A veces, el hombre se da cuenta de que la mujer requiere de más, mucho más (Teoría 5, pereza), por lo que decide abandonar la tarea. Para algunos hombres, estas mujeres "difíciles" se pueden convertir en una obsesión, lo que termina mal.

Solo quería dejar claro que para esos procesos muchos hombres utilizan la mentira, algunos con un sutil disfraz de verdad y otros con un absoluto descaro.

Hay hombres que no creen ser cazadores, pero que sin duda lo son: van en busca de parejas de las que se aburren pronto, porque el elemento "adrenalina" desaparece con la rutina. Así que van en busca de otra presa, a veces sin terminar con su relación actual; otros, manteniendo una relación por necesidad mientras continúan saciando su sed de cazar constantemente.

Yo no voy a negar que durante la juventud esta sensación de conquistar te emborracha. Se siente bien lograr que una mujer te preste atención al punto de que se entregue. Pero creo que, reuniendo todas las teorías, es una degeneración de nuestro proceso de crecimiento como hombres. Incluso ahora que he desglosado mi vida, puedo ver que no era necesario, que se trataba de otras cosas más sencillas, hasta hermosas, donde el sexo no tenía nada que ver.

En mi vida, he visto hombres que solo buscan el sexo, la satisfacción física. Mientras que, en todos los años de mi vida, nunca me he encontrado de ninguna manera con una mujer que solo quisiera eso.

Algunos hombres logran relacionarse, casarse, tener familia, pero nunca dejan de ser cazadores. Nunca se adaptan a su nuevo estado. Para ellos, ser infiel es solo una consecuencia de "continuar con su labor", una manera de no perder el poder; son hombres con un gran complejo de inferioridad, una pobre autoestima disfrazada de soberbia (Teoría 3).

En el universo masculino adoramos la posición del héroe. Nos encanta que nos pongan en un pedestal, nos adoren y mimen. En ese sentido, para algunos el poder de la conquista es obtener esos beneficios. De tal forma que ese hombre se transforma, se convierte en alguien capaz de hacer grandes cosas, para que sus logros sean admirados por su pareja.

Pero como es una actuación, el hombre no tiene cómo sostener su papel. No posee las herramientas necesarias para seguir fingiendo, así que se cansa.

Nos gusta ser héroes sin mucho esfuerzo (Teoría 5). Por lo que nos agotamos rápido al tener que pretender lo que se requiere para lograrlo.

Por eso vamos en busca de otros horizontes, otras mujeres para las cuales lo que hacemos sea una sorpresa. De cierta forma, este tipo de hombres tienen una especie de libreto preestablecido, unas tácticas que utilizan siempre. Así que, cuando el tiempo agota las tácticas (y la relación exigiría crear unas nuevas, o sea, "esfuerzo"), él va a otro lado para volver a comenzar con el mismo libreto, sin tener que crear nada nuevo.

Otros hombres sí se esfuerzan para vivir la emoción de la cacería; les gusta complacer, llenar de sensaciones el proceso. Pero cuando todo eso va dirigido hacia la *misma* mujer, se cansan rápido, se agotan, se aburren. Por lo que deben iniciar de nuevo con otra persona.

Ahora me dirán que todo esto de la cacería es un problema sin salida, ya que si todos los hombres son cazadores, la fidelidad está fuera de la ecuación.

Pero puedo asegurarles que no. Cuando ustedes conocen todos estos mecanismos de acción de los hombres, pueden usarlos a su beneficio. Lo digo por experiencia propia, pero también porque he visto ese recurso utilizado hábilmente por varias mujeres.

Si el hombre es un cazador, si lo tiene en la sangre, si para él es natural, entonces lo que se puede hacer es darle esa experiencia una y otra vez. Es complicado, pero no imposible.

Lo importante aquí es que ustedes, damas, puedan reconocer al cazador. Qué tipo de proceso están llevando con ustedes. Si algún hombre está en la tarea de conquistarlas, entonces él está "cazando". Si logran reconocer al hombre y su táctica, entonces podrán tomar decisiones claras frente a él. Ya no serán "presas". Ustedes mismas podrán determinar su papel en ese juego, podrán tomar la sartén por el mango, mantenerse seguras, sanas, libres.

En un futuro muy lejano, espero que el hombre deje de cazar. Que eso ya no sea un instinto en su interior. Que se libere de ese comportamiento animal para poder encontrar un nuevo camino. Que no busque solo su beneficio en la conquista, sino que vaya por un futuro con alguien; que se esfuerce por poner la primera piedra de un compromiso verdadero.

Es posible que falte mucho tiempo para ver ese cambio, pero debe iniciar ahora. Como siempre lo diré, las mamás de hoy son un punto de partida importante. La pedagogía es vital para que los nuevos hombres surjan con valores, con visión, alejados de sus instintos, de sus miedos, llenos de capacidades, de moral, de amor.

Para que esta teoría quede absolutamente clara, analicemos tres perfiles de "cazador" que seguro has visto en la vida real:

El "Cazador de Guion" (El Héroe que se agota)
Este es "Alejandro". Cuando conoce a "Mariana", activa su "libreto". Es el hombre perfecto: la escucha por horas, la mira como si fuera única, le habla de futuro y de "conexión". Es detallista, le manda canciones y le dice exactamente lo que ella necesita oír. Se pinta a sí mismo como un "héroe", un hombre sensible que ha sufrido en el pasado y que, por fin, encontró a alguien que lo entiende.

La Caza: Mariana, que busca una conexión real, se enamora profundamente. Siente que se ganó la lotería. Se entrega por completo, convencida por la "actuación" de Alejandro. Él ha logrado la conquista total; ha vencido un "reto" emocional.

El Aburrimiento: Pasan tres o cuatro meses. La adrenalina de la conquista desaparece. La relación ahora requiere *sostener* ese papel de héroe, y eso es agotador. Esfuerzo real. Alejandro empieza a sentirse aburrido (Teoría 5). Ya no es una sorpresa, ahora es rutina. De repente, está "muy ocupado en el trabajo", los mensajes disminuyen y se vuelve frío.

Resultado: Alejandro empieza a buscar un nuevo "horizonte", una nueva mujer a la que pueda impresionarla con el mismo guion. No es que sea "malo", es que es un cazador perezoso: le encanta la emoción de la caza, pero le da pereza el esfuerzo de quedarse con la presa.

El "Cazador de Trofeos" (El que busca Estatus)
Este es "Julián". Él no sale con mujeres, él colecciona "trofeos" para impresionar a su "manada" (sus amigos). Su

objetivo principal son las mujeres consideradas "difíciles" o "hermosas", porque eso le da estatus.

La Caza: Pone su ojo en "Camila", la mujer que todos en su círculo social admiran pero que nadie ha podido "conquistar". Para Julián, esto no es por Camila, es por su propio ego. Usa todo su arsenal de mentiras: finge intereses comunes, se muestra como un hombre de mundo, invierte dinero (porque el poder es parte de su caza). Es un proceso largo, pero él está obsesionado con el "trofeo".

La Caza: Finalmente, Camila cede.

El Aburrimiento: En el momento en que ella "cae", la caza termina para Julián. El reto desapareció. Él ya tiene su historia para contarle a sus amigos, ya subió su estatus.

Resultado: Julián desaparece. La trata con indiferencia, o incluso presume de su conquista. Es el tipo de hombre que ve a las mujeres como puntos en un marcador, no como personas. Su inseguridad (Teoría 3) es tan grande que necesita "cazar" belleza y estatus para sentirse validado por otros hombres.

El "Cazador Infiel" (El que huye de la rutina)

Este es "Ricardo". Lleva 10 años casado con "Mónica". Tienen una vida estable, hijos, una casa. Pero Ricardo se siente aburrido. La rutina lo está matando. Ama a Mónica, pero como un "accesorio" (Teoría 6), no como una compañera a la que debe conquistar a diario.

La Caza: Aparece una nueva compañera en el trabajo. La novedad lo excita. Siente la adrenalina. Empieza a "cazarla" en secreto. Es fácil: no tiene que crear un ambiente nuevo en casa (lo cual sería un esfuerzo, Teoría

5), sino que la misma situación "prohibida" crea la emoción.

La Caza: Tiene una aventura.

El Aburrimiento: La aventura se vuelve "seria". La amante empieza a exigirle más tiempo, más compromiso... es decir, la aventura empieza a parecerse al "trabajo" que ya tiene en casa.

Resultado: Ricardo se cansa de la amante y termina la aventura. Vuelve a ser "fiel"... hasta que el aburrimiento lo domina de nuevo y aparece otra "presa fácil" que le ofrezca la emoción de la caza sin el esfuerzo del compromiso. Nunca deja de ser cazador.

Teoría 8: Los hombres le temen a la soledad

Aunque la soledad es una parte importante de nuestro día a día, para el hombre esa idea es incomprensible y, al mismo tiempo, inaceptable.

Desde que somos pequeños, se nos ha puesto como el centro de atención (Teoría 2). Cuando el hombre es hijo único, se convierte en el foco de todo. Las madres vuelcan sobre esos hombres tal cantidad de afecto que es embriagador; es una acción que dura décadas, que aumenta con el tiempo y que se pierde en el horizonte.

Las madres construyen para sus hijos verdaderos altares. De alguna forma, crecemos con una sensación constante de compañía, de vigilancia, de protección. (Cuando en la casa hay más de un hijo, las cosas son un poco diferentes, pero más que nada porque esa posición de "centro de atención" se va moviendo de un hijo a otro, y de ahí vienen muchos vacíos en nuestro carácter).

Como consecuencia, el sentirnos solos puede crear un caos terrible en nuestra cabeza.

Para los hombres, esta sensación de soledad no es igual que para las mujeres. Aunque somos seres humanos, esa educación anticuada hace que hombres y mujeres tengamos una idea muy diferente de la soledad.

Pero, ¿de qué soledad estamos hablando? Hay varios tipos, pero los hombres le tememos, más que a nada, al hecho de tener que enfrentar nuestro propio universo emocional.

En la actualidad vemos a muchos jóvenes (hombres y mujeres) encerrados en sus habitaciones. Pero ahí está la diferencia: para que te vayas haciendo una idea, los hombres casi siempre están en contacto con otros seres humanos en esos momentos (jugando en línea, chateando, en llamada), mientras que las mujeres se pueden distraer con otras cosas, a solas.

El hombre adulto tiende a buscar a su grupo, a la "pandilla" del trabajo, del barrio, del colegio o la universidad, para "estar", para pasar el rato.

Usualmente no nos gusta quedarnos solos *a pensar*. En nada.

Pero es justo cuando en el pensamiento se aparece la pregunta "¿Quién soy?" que salimos corriendo a entretenernos. No hablamos de eso con nadie, ni siquiera con nuestro mejor amigo o amiga. Son cosas que se dejan fuera de toda conversación porque implican terrenos peligrosos y que no conocemos.

Sí, para todos es una pregunta complicada. Pero muchas mujeres que conozco, muchísimas, se ponen a la tarea de darle una respuesta. Y aunque no la encuentren, no le huyen; se enfrentan a la pregunta con valor. El simple hecho de tener que luchar por su puesto en un mundo de hombres implica que ellas, tarde o temprano, tienen que enfrentarse a definir su lugar en el mundo.

Para nosotros no es igual. Los hombres tenemos muchas formas de evadirlo, desde pequeños, desde que mamá se ocupó de todo, de ponernos una venda en los ojos para no enfrentar nuestras responsabilidades.

Así que, como dijimos, estamos lisiados emocionalmente. Por esa razón odiamos tener que enfrentar al mundo y sus cosas; evadimos saber de nuestro corazón, de nuestros sentimientos; escapamos del hecho de tener que dar, responder o entregar.

Pero como es natural que la vida nos cuestione, entonces sentimos miedo, mucho miedo, cuando eso pasa. Ese miedo nos lleva por caminos feos, oscuros, llenos de trucos y amarguras.

Para evitar esa soledad, podemos crear mundos completos, falsos, que nos evitan el tener que enfrentarla. Citando algunos ejemplos:

- Podemos ver a los hombres que se arriesgan demasiado, que están todo el tiempo en actividades de alto riesgo (buscando la adrenalina para no pensar).

- O podemos ver a los hombres que *siempre* están "muy ocupados", con mil responsabilidades (el trabajo como excusa).

- O los hombres que están rodeados de muchísimos "amigos" y "amigas", que siempre están divirtiéndose, en fiestas, reuniones, eventos (el "cazador" o el "hombre manada" que no puede estar solo).

También podemos encontrar a los hombres que están en relaciones obsesivas, donde siempre tienen que estar preocupados por su pareja, creando cosas para complacerla, pero para él, nunca es suficiente.

Estos hombres no saben quiénes son, no conocen su lugar en el mundo, pero son muy buenos para aparentar. Aparentan seguridad, claridad, madurez... aunque todo eso se viene abajo cuando tienen al frente un reto, un problema o una responsabilidad.

A veces es muy difícil poder descubrirlos, ya que algunos aprenden a despistar, a cambiar el foco de atención a cualquier otra cosa. Hay otro asunto: las mujeres no están buscando "hombres con miedo a la soledad", por lo que no creen que existan. Eso hace que esos hombres puedan esconderse fácilmente detrás de una fachada de ser chistosos o "espontáneos".

Para algunas mujeres puede ser atractivo que este hombre "siempre" la necesite, que requiera de ella. Eso puede ser interesante al principio, pero este hombre no habla, no dialoga sobre sí mismo, ni sobre el otro. No quiere saber. Solo necesita de su pareja para que ella lo distraiga, sin hacerle preguntas.

He visto muchísimas relaciones terminar por esas causas: porque el hombre no enfrenta la vida, no se enfrenta a su propio ser, no evoluciona, no crece, ya que está estancado en su propio miedo.

También he visto muchos casos en donde estas mujeres se convierten en el bastón de su pareja. Ellas enfrentan todos los retos de la vida solas, mientras el hombre solo la segue, convirtiéndose en un lastre, en una pesada carga que termina por arrastrar al fondo a los dos.

El miedo a la soledad del hombre es muy complejo, porque la sociedad (durante miles de años) no le ha dado las herramientas para poder enfrentarlo. Aún en nuestros tiempos, la mayoría de nosotros da pasos en falso en ese terreno.

Yo fui víctima de ese miedo, de esa angustia terrible. Y aunque ahora lo enfrento lo mejor que puedo, por un lado, me ha dejado con un legado horrible que lamento profundamente; y por otro, la mayoría de las veces, enfrentarlo es algo muy duro, muy agotador e, irónicamente, muy solitario.

La soledad se esconde en hombres que parecen nunca estar solos. Esos que siempre se ven "haciendo algo", que charlan con todo el mundo, que siempre tienen una meta por cumplir, un plazo para entregar, algo que "salvar".

Estos hombres, cuando entran en una relación, se ocultan detrás de esas mismas cosas: estar continuamente ocupados. Son hombres que no dialogan con su pareja, que no cuentan sus miedos, no charlan, no se comunican.

Estos son hombres distantes, que huyen de la responsabilidad consigo mismos, que no confían en su pareja. Solo la utilizan para hacer cosas, cumplir metas, llegar más lejos... o simplemente para no llegar a ninguna parte.

Estos hombres no duran mucho tiempo en una relación. Pueden llegar a casarse, pero esos matrimonios no duran mucho. Al no crear lazos de comunicación, se apartan de sus parejas, las mantienen alejadas. Son pésimos confidentes, porque no saben cómo ayudar a su pareja con las cosas de la vida.

Ellos han ignorado las preguntas de: *¿Quién soy? ¿Para qué estoy aquí? ¿Qué es la vida? ¿Cuál es mi legado?*

Un hombre así siempre dejará sola a su pareja. No estará con ella en los momentos difíciles; creará excusas para escapar de todo lo que implique un análisis, una respuesta o, por lo menos, un apoyo.

Comprender que somos criaturas solitarias es un acto casi imposible, pero necesario. Solo ahí, en ese momento, cuando sabemos que estamos solos, podemos valorar la compañía. Solo ahí podemos construir nuestros valores, dejamos a un lado el egoísmo, la vanidad y la soberbia.

He escrito este libro para que podamos ver las ventajas, pero solo si primero vemos los problemas; esas cosas que la sociedad nos ha impuesto y que hemos aceptado sin protestar.

Es hora de cambiar eso, de enfrentarnos al mundo poco a poco para poder disfrutar de todo lo que está a nuestra disposición.

La Gran Distracción: Por qué huimos al Entretenimiento

Pero seamos honestos: ¿por qué es tan difícil "enfrentarnos al mundo"? ¿Por qué le tenemos tanto pánico a esa soledad, a ese silencio?

La respuesta es porque hemos construido un sistema gigantesco, una civilización entera, diseñada para evitarlo.

Piénsalo. El sistema patriarcal-capitalista nos empuja desde niños a ser altamente productivos y competitivos al extremo. Tienes que ser el mejor en la escuela, para entrar a la mejor universidad, para conseguir el mejor trabajo, para ganar más dinero, para tener el mejor carro y la casa más grande.

Estamos en una carrera de ratas constante. Y en muchas ocasiones, hacemos lo que hacemos no porque lo amemos, sino porque es parte del sistema.

Odiamos nuestro trabajo. Odiamos los trancones. Odiamos la competencia. Odiamos la presión. Estar dentro de esa actividad todos los días es agobiante.

Y es ahí, en medio de ese agobio, que nuestra verdadera naturaleza (nuestra parte lúdica, nuestra alma, si quieres llamarla así) se despierta un segundo y nos cuestiona. En un momento de silencio, en el trancón, o a las 3 de la mañana, la pregunta aparece:

"¿Por qué estás haciendo esto?"

Esa es la pregunta que desata el pánico. Porque la respuesta es terrible y abrumadora. La respuesta honesta es:

"No lo sé. Lo hago porque 'toca'. Porque todos lo hacen. Porque tengo miedo de parar. Porque si paro y dejo de 'ser productivo', no soy nada. Porque si no soy 'el gerente', 'el proveedor', 'el exitoso'... ¿entonces quién soy?"

Esta es la pregunta que el hombre de la Teoría 8 no puede soportar. Es el vacío total.

Y como no podemos aguantar esa respuesta, hemos inventado el escape más brillante y adictivo de todos: el entretenimiento.

La misma palabra lo dice: "entre-tener". Es decir, "sostenerte *entre*" un punto y otro. El entretenimiento no es vida. Es un limbo. Es un ruido agradable que usamos para tapar el silencio aterrador donde vive la gran pregunta.

Nos hemos vuelto adictos a la distracción. Necesitamos el ruido constante para no tener que escucharnos a nosotros mismos.

- El trabajo hasta las 10 p.m. (Teoría 4) no es "responsabilidad"; es la excusa perfecta para huir de una casa donde tendrías que sentarte en silencio y *hablar* con tu pareja, o peor, contigo mismo.

- El "grupo de amigos" y el partido de fútbol (Teoría 6) no es solo amistad; es un ritual sagrado para no estar solo con tus pensamientos.

- La "cacería" (Teoría 7) y la búsqueda constante de nuevas conquistas no es por sexo; es por la *distracción* de la adrenalina, para no tener que lidiar con la rutina de una relación real.

- Las redes sociales, las series, los videojuegos... son universos paralelos. En el videojuego eres un héroe que salva la galaxia, porque en tu vida real eres un cobarde emocional que no puede salvarse ni a sí mismo.

Hemos convertido la responsabilidad de vivir (que es difícil, que duele, que requiere esfuerzo) en un espectáculo pasivo. Ya no *protagonizamos* nuestra vida; nos sentamos a *verla* pasar, siempre y cuando tengamos algo que nos "entre-tenga".

La soledad es el enemigo porque la soledad apaga el televisor. Apaga el celular. Apaga el ruido del estadio. Y te deja solo en una habitación, cara a cara con la única pregunta que importa.

El miedo a la soledad es, en realidad, el miedo a descubrir que hemos estado "entretenidos" mientras se nos iba la vida.

Veámoslo en tres casos de la vida real:

El Adicto al "Estoy Ocupado" (El Escape Productivo)

Este es "Sergio". Su esposa, "Clara", le dice un martes: "Mi amor, ¿por qué no nos tomamos este fin de semana solo para nosotros? Sin niños, sin amigos, sin planes. Nos quedamos en un hotelito aquí cerca, solo para descansar y hablar".

La reacción de Sergio no es de alegría, es de pánico. El miércoles, de repente le "salió un proyecto urgente" en la oficina. El jueves, "un cliente importantísimo confirmó una reunión el sábado en la mañana". El viernes, "está agotado" por todo el trabajo que tuvo que sacar.

El problema: El pánico de Sergio no es a descansar; es al silencio. Un fin de semana "solo para hablar" es su peor pesadilla. Es el cuarto vacío donde la "gran pregunta" (¿Quién soy? ¿Soy feliz en esta relación?) lo estaría esperando. Es más fácil usar el trabajo (su "entretenimiento" productivo) como excusa para huir de la responsabilidad de conectar con su pareja y consigo mismo.

: El que no "vive el duelo" (El Escape Social)

"David" acaba de terminar una relación de tres años. Fue doloroso. En lugar de tomarse un tiempo a solas para procesar, para sentir el dolor, para entender qué salió mal, hace exactamente lo contrario. Esa misma semana organiza una fiesta. Se vuelve el alma de todas las reuniones, sale de miércoles a domingo, se emborracha y se acuesta con varias mujeres (Teoría 7).

El problema: La gente piensa "qué bien lo está tomando", pero la verdad es que está aterrado. David le tiene pavor al silencio de su apartamento vacío, porque en ese silencio tendría que enfrentar el fracaso y el dolor. El ruido de la música, la adrenalina de la conquista y las risas de sus amigos (la manada) son su "entretenimiento" para no tener que escucharse a sí mismo. No está superando nada, solo está poniendo el ruido al máximo para tapar la realidad.

El "Zombie" del Entretenimiento (El Escape Digital)

Es de noche. "Roberto" y "Luisa" están en el sofá. Han pasado el día sin hablar mucho. Luisa apaga el televisor e intenta conectar: "Oye, amor, he estado pensando mucho en nosotros, en lo que queremos para el futuro...".

En ese instante, Roberto saca el celular. Se pone a ver videos, a scrollear en redes sociales o a contestar un chat grupal. Luisa le sigue hablando, y Roberto solo responde "Ajá...", "Sí, claro...", "Mmm...", sin levantar la mirada. Está físicamente ahí, pero mentalmente a kilómetros de distancia, "entretenido".

El problema: La conversación que Luisa quiere tener es la "gran pregunta". Requiere análisis, vulnerabilidad y compromiso (Teoría 6). Roberto es un cobarde emocional (Teoría 4) que le huye a esa responsabilidad. El celular es su trinchera, su escape inmediato. Usa a Luisa solo para *no estar físicamente solo*, pero se niega a conectar emocionalmente, huyendo de la soledad de su propio ser a través de una pantalla.

Teoría 9: Los hombres no sabemos amar

Llegamos a la parte más triste y dura de toda esta teoría.

Cuando agarras todo lo que hemos hablado (el infantilismo, la inseguridad, la cobardía, la pereza, la cacería y el pánico a estar solo) y lo metes en una sola persona, te encuentras con un ser muy limitado. Un tipo cegado por la tradición, la costumbre y el día a día. Un ser que apagó sus emociones, que escapa de su verdad y que le huye a los retos. Un ser indefenso, pero que al mismo tiempo busca a toda costa su propio beneficio.

Aunque puedo decir que amar es un acto maravilloso, también puedo decir que nadie, hasta ahora, conoce el proceso correcto para hacerlo bien. Y mucho menos sabemos cómo enseñarlo.

Tenemos *ideas* de lo que el amor "debe ser", pero no todas son claras y muchas están totalmente equivocadas. Amar implica un montón de cosas, algunas simples y otras más complejas, pero la realidad es que los hombres no sabemos mucho de eso.

Sí, para las mujeres hay un poco más de terreno ganado, porque a través de sus madres lograron captar algo de lo que significa. Durante su crecimiento, gran parte de las mujeres tiene contacto con el amor, pueden sentirlo en su dimensión más compleja, lo que les da una idea de lo que es. Algunas aprenden del amor sin necesidad de ser madres, pero otras conocen sus fundamentos justo con ese acto: la maternidad.

Pero para nosotros, las cosas no fueron así. Nadie nos enseñó lo que el amor implicaba. Aún hoy lo veo en los niños: nadie les enseña o les muestra el amor. Es un vacío gigante en nuestra "educación" masculina. En lugar de eso, nos hablan del poder, de la fuerza, de la tradición, del dolor, del egoísmo.

Por eso, puedo decirlo sin lugar a dudas: los hombres no sabemos amar.

Y si no sabemos amar, no podemos enseñarlo, no podemos evolucionar, ni crear nada.

Cuando he dicho esto en el pasado, se me ha venido el mundo encima. Muchos me critican por decir tal cosa, pero cuando ves al mundo, cuando lo examinas, puedes notar que lo que digo es cierto.

¿Nos hemos puesto a pensar por qué año tras año aumenta el número de niñas embarazadas? ¿O por qué abunda la violencia, la corrupción, las drogas? ¿Por qué las familias se rompen de formas tan agresivas?

Puedo seguir con las preguntas, pero es en la sociedad donde podemos ver las consecuencias. El mundo está bajo el mando de un grupo de hombres que juegan con el poder; hombres inseguros, pretenciosos, ambiciosos, miedosos, cazadores... con una profunda falta de amor. Lo peor es que han creado un sistema donde otros hombres *deben* continuar con esos legados.

En otras ocasiones, cuando hablo de esto y me critican, hablo de esos padres que le dejan todo el trabajo de cuidado de los hijos a las mamás, que se pierden las fechas especiales o que simplemente creen que el dinero es amor.

Sí, los hombres creemos que "ponemos amor" en muchas cosas que no tienen nada que ver, solo para sentirnos bien con nosotros mismos. Creemos que amar es regalar flores, o pagar las cuentas de la casa, o decir cosas bonitas de vez en cuando, o trabajar duro, o "estar ahí".

Cuidado, muchas de esas cosas son *actos* de amor, pero como dice la primera palabra de este párrafo: creemos. Y ahí está la diferencia. Nosotros no hacemos las cosas porque nos nazcan de un sentimiento, sino porque *pensamos* que así deben ser cuando se "ama".

Muy pocos hombres conocen el valor del sacrificio real para cuidar a una familia, o se dedican a conocer *de verdad* a su pareja para ofrecerle un lugar donde pueda sentirse segura, comprendida, respetada, amada.

Lo otro es que amar es uno de los actos más complejos y difíciles de la vida. Por eso, si un hombre se toma la tarea de aprender a hacerlo, abandona en los primeros intentos, porque descubre que es algo gigante donde hay que esforzarse *todo el tiempo*. Y recuerden (Teoría 5): los hombres somos perezosos.

He conocido casos de padres (incluyo al mío) que muy pocas veces, o nunca, le han dicho a sus hijos o hijas que los aman. Envuelven lo que "creemos" que es amor en cosas materiales, que nunca llenan el verdadero vacío que tenemos de recibir amor de nuestros padres. Ellos mismos saben que tienen esa incapacidad, pero igual no hacen nada para cambiarlo. Es más, se esconden profundamente en sus miedos, adoptando posiciones radicales e imposibles de mover.

Y hemos dejado que el mundo continúe con hombres que no saben amar, que no quieren aprender a hacerlo o que huyen al primer intento.

Ese mundo que tenemos ahora es el resultado de esa falta de amor del macho de la manada. Tenemos hombres maravillosos que son líderes increíbles, capaces de ver transformaciones en el futuro, pero su falta de amor, su poca capacidad de amar, hace que esos intentos se queden en nada.

El otro problema es que las mujeres, durante siglos, han tenido que defenderse y sobresalir en este mundo de hombres, jugando con las reglas de ellos. Y eso, inevitablemente, las obliga a tomar muchas de nuestras actitudes, muchas de nuestras fallas. Porque para ganar en un mundo de hombres, solo se puede ganar con las mismas reglas.

Claro que con el paso de las décadas las cosas van a cambiar. Las mujeres podrán usar sus propias herramientas, sus reglas, y con ello vendrán cambios poderosos. Pero aún falta mucho para eso, si lo vemos con honestidad.

Puedo ver en sus rostros la duda, la incertidumbre, el caos. Tienen razón. Cuando un hombre llega a sus vidas y parece tener todo lo que se necesita, cuando ese hombre les dice "Te amo"... entonces, ¿qué es lo que está sintiendo?

Bueno, no digo que un hombre no sienta cosas poderosas, profundas, verdaderas. Pero con toda la basura que nos han metido (la educación, la tradición), lo que podemos hacer es, en verdad, muy poco.

Ustedes lo saben. La mayoría de los hombres, cuando entramos a una relación, no creemos que sea una relación; creemos que es una *situación ventajosa* para nosotros, donde ganamos. Cuando eso cambia (porque siempre cambia), entonces decidimos irnos a buscar "cosas mejores", porque creemos ciegamente que las merecemos.

No vemos a la persona que tenemos en frente, valorándola por lo que es, por lo que nos ofrece. Simplemente rechazamos todo lazo, pero más que nada, negamos todo vínculo.

Eso sucede porque no sabemos lo que el amor significa. No lo aprendimos en nuestra juventud, ni durante nuestra madurez. Yo mismo tuve que pasar por muchas cosas para comprender que no sabía amar. Ahora lo veo en hombres de todas las clases, tipos, lugares y edades.

Hace tres años inicié mi camino hacia el aprendizaje del amor. Puedo decirles que es una cuesta arriba difícil. También puedo decirles que si no nos damos por vencidos a la primera, encontramos maravillas. Aprendemos a amarnos a nosotros mismos, a respetar y admirar a los otros, a comprender, a transformar. Pero más que nada, aprendemos que el camino es largo, que debimos comenzar hace mucho tiempo (en el pasado de nuestros padres), y por eso ahora es más empinado.

Todavía no sé muy bien lo que el amor es. Sigo aprendiendo, y él me sigue cambiando para mejorar.

Así que las invito a revisar este punto con mucho cuidado: Los hombres de su vida no saben amar.

Si comienzan por ahí, aunque suene un tanto cruel, es mucho mejor para ustedes. Si de antemano pueden reconocer que los hombres no sabemos amar, entonces no estarán esperando al príncipe azul. Podrán ayudarle a ese hombre a ser algo mejor, pero no se perderán en esperanzas falsas.

Esa es la diferencia. Saber la verdad les da la ventaja.

Si un hombre les dice "Te amo", entonces sabrán que está en el *principio* de un camino, no en el final. Sabrán que él apenas está tocando las posibilidades, pero más que nada, que ese hombre "enamorado" tiene todas las chances de ser un hombre que *inicie* su camino hacia el amor.

Ese es un camino que pueden recorrer juntos. Tú, mujer, puedes aportar lo que sabes, pero también puedes ayudar con lo que no sabes. En el mundo del aprendizaje, reconocer que no sabemos, es el principio hacia la excelencia.

Para ilustrar esta trágica verdad, veamos tres escenarios comunes:

El "Proveedor" (El que confunde dinero con amor)
- El escenario: "Roberto" es un "excelente esposo y padre". Trabaja 14 horas al día para que a su familia "no le falte nada". Su esposa, "Elena", intenta hablar con él una noche, desesperada: "Roberto, no te vemos nunca. Los niños te extrañan, *yo* te extraño. Me siento muy sola".

- La reacción del hombre: Roberto explota. "¿Sola? ¿Sola con la casa que te di? ¿Con las tarjetas de crédito? ¿Con el carro del año? ¡Yo me mato trabajando por ustedes! ¡Eso es amor! Eres una malagradecida si no lo ves".

- La falta de amor: Roberto genuinamente *cree* que su esfuerzo laboral es la prueba máxima de su amor. Pero es incapaz de hacer el verdadero sacrificio que Elena le está pidiendo: renunciar a un poco de su estatus de "proveedor" (su ego) para dar lo que realmente se necesita: tiempo, presencia y conexión emocional. Él usa el dinero como un escudo para no tener que hacer el trabajo difícil de amar, que es *estar* y *conectar*.

El "Enamorado" (El que confunde la química con el amor)

- El escenario: "Andrés" y "Lucía" llevan seis meses. Ha sido una relación de película. Andrés es el primero en decir "Te amo". Están en esa burbuja del enamoramiento. De repente, a Lucía le diagnostican una enfermedad que requiere un tratamiento largo y difícil. Ya no es la mujer alegre y despreocupada de la que él se "enamoró"; ahora está asustada, vulnerable y, a veces, de mal humor.

- La reacción del hombre: Andrés empieza a sentirse "sofocado". La "magia se acabó". Le parece que ella está "muy negativa" y que la relación "ya no fluye". Empieza a distanciarse (Teoría 8) y, finalmente, la abandona.

- La falta de amor: Andrés no amaba a Lucía; amaba la *sensación* que ella le provocaba. En el momento en que la relación dejó de ser una "situación ventajosa" y pasó a requerir esfuerzo, sacrificio y "cuidar" (Teorías 5 y 6), su "amor" se evaporó. Él estaba *enamorado* de la química, pero era incapaz de *amar* a la persona.

El "Padre Inepto" (El que confunde "estar" con amar)

- El escenario: "Julio" tiene una hija adolescente, "Valentina". Ella acaba de sufrir su primera gran decepción amorosa y está en su cuarto, llorando desconsoladamente. Julio escucha el llanto y se siente profundamente incómodo.

- La reacción del hombre: Entra al cuarto, se para en la puerta y le dice con torpeza: "Ya, mija, no llore por ese idiota. Hombres hay de sobra. Póngase a estudiar más bien". Al ver que ella sigue llorando, se frustra, dice "Bueno, ya se le pasará" y cierra la puerta.

- La falta de amor: Julio "estuvo ahí". En su cabeza, cumplió con su deber de padre. Pero Valentina no necesitaba que le dieran la razón o una solución (la "posición radical" de la que hablamos). Necesitaba un abrazo, empatía, que su padre se sentara a su lado en silencio y validara su dolor. Julio es incapaz de dar ese soporte emocional. No sabe cómo manejar los sentimientos de su hija (porque no sabe manejar los suyos, Teoría 8), así que huye. Es la prueba viviente de un hombre que, aunque ama a su hija, *no sabe cómo amarla.*

Sembrando el Futuro: La Pedagogía del Amor y el Autocuidado

Hemos visto el desastre que el "gen machista-patriarcal" ha causado en nosotros, los hombres, y por ende, en nuestras relaciones y en la sociedad. Hemos visto cómo nuestra incapacidad para amar genera dolor, ruptura y violencia.

Si de verdad queremos romper este ciclo, no basta con que *nosotros* intentemos cambiar. La verdadera revolución comienza sembrando algo diferente en la siguiente generación. Es vital, es urgente, que empecemos a practicar una pedagogía consciente del amor y del autocuidado con nuestros hijos e hijas, desde ya.

¿Qué significa esto? Significa dejar de asumir que el amor "se aprende solo" o que es algo "natural". Ya vimos que no lo es. Significa enseñar activamente qué es el respeto, qué es la empatía, cómo manejar el dolor, cómo comunicar las necesidades sin agredir, y sobre todo, cómo amarse a uno mismo.

Pero esta pedagogía no funciona si es solo teoría. No sirve de nada decirle a un niño "sé respetuoso" si luego te ve gritarle a tu pareja. No sirve decirle "comunícate" si tú huyes de las conversaciones difíciles.

La clave es que este proceso debe ser consciente y compartido. El adulto (padre, madre, guía, facilitador) debe estar viviendo su *propio* proceso de aprendizaje del amor (como el que proponemos en la siguiente sección) *mientras* comparte sus descubrimientos y sus luchas con aquellos que están a su cuidado (hijos, alumnos, hermanos menores, compañeros).

Se trata de modelar la vulnerabilidad. De decir: "Yo también estoy aprendiendo a no gritar cuando me enojo", "Yo también estoy aprendiendo a pedir perdón", "Yo también estoy aprendiendo a cuidarme y a decir 'no'".

Es un viaje en paralelo: tú sanas tus heridas y rompes tus propios patrones heredados, y al mismo tiempo, les das a tus hijos las herramientas que a ti nunca te dieron. Les enseñas, con tu ejemplo, que el amor no es posesión ni sacrificio ciego, sino respeto, libertad y cuidado mutuo.

Solo así, viviendo nosotros el cambio mientras lo enseñamos, podemos empezar a desactivar la influencia tóxica del gen machista-patriarcal. Solo así podemos esperar que nuestros hijos e hijas construyan un futuro donde amar no sea una teoría, sino una práctica diaria.

En el camino

Cuando hablo con mujeres de esto (porque, seamos honestos, no he podido hablar con ningún hombre de este tema, a menos que sea usando algún truco), ellas se sorprenden, se angustian y se preocupan.

Y en parte les doy la razón. Es preocupante todo este diagnóstico del hombre de hoy. Pero siempre les digo que es más práctico conocer lo que nos hace ser como somos, para poder enfrentarlo mejor.

Algunas mujeres se lanzan al abismo de una relación sin tener ni idea, o con la pura fe de que "este hombre sí va a salir bien". No creo que deba ser así. Si conoces el "producto", puedes tomar medidas.

Por eso escribí este libro: para que todos tengamos un punto de partida, una base sólida sobre la cual charlar, profundizar, analizar y, ojalá, cambiar.

Puedo decir esto porque las mujeres con las que he hablado me dan respuestas positivas en muchos casos. Para ellas es como abrir los ojos a algo que siempre estuvo ahí. Algunas logran crear estrategias que mejoran el estado de su relación; otras simplemente descubren que lo que tienen no es sano, deciden dejarlo, y eso les da paz.

Para otras, significa una nueva manera de acercarse a los hombres, de verlos en su dimensión más honesta (aunque ellos mismos no puedan verla). En esos casos, ellas pueden "diagnosticar", medir y tomar mejores decisiones.

De todas formas, cada posible relación que puedan tener en sus vidas las va a afectar de una u otra manera.

Así que me parece justo que puedan decidir el nivel de riesgo que van a tomar.

¿Cambiar? Sí, todos podemos cambiar. Pero no siempre para mejorar. Por eso hay que ser lo más honestos con nosotros mismos, para ver si estamos dispuestos a hacerlo, a fallar en el intento y a corregir el rumbo en el momento correcto.

Siempre será más fácil hacer esto si tenemos ayuda; alguien que nos conozca tanto que evite que tiremos la toalla, que fije metas con nosotros, que nos eche porras, que nos dé soporte y que mida nuestros logros. Claro, una vez que se inicia este proceso es algo mutuo. Nosotros debemos ser ese mismo soporte para las mujeres, lo que implica honestidad de lado y lado.

En este apartado quiero pedirles a las mujeres que se comprometan con ellas mismas. Pongan a prueba a los hombres de su vida. Midan su grado de honestidad. Propónganse descubrir si esos hombres *de verdad* tienen el deseo de cambiar, de evolucionar.

En esta parte de la historia, ustedes tienen mucho poder sobre nuestro carácter. Pero deben tener la vista alerta, no aceptar todo ciegamente. Deben ser exigentes. Deben darse cuenta de que son un verdadero tesoro por el que vale la pena hacer cualquier esfuerzo.

Lamento mucho decir que, si fuera por nosotros mismos, el camino de la evolución nos tomaría muchísimo tiempo.

Por eso el cambio debe iniciar desde sus bebés. Hay que cambiar los paradigmas educativos de nuestros niños y niñas. Si comenzamos con ellos desde antes de nacer, entonces será más sencillo. Para las familias de hoy, debe ser un punto vital enseñar a amar.

Decía el Manual del Mesías del libro "Ilusiones" de Richard Bach: "Enseñas mejor lo que más necesitas aprender". Así que, si nos disponemos a enseñar a amar a nuestros hijos, es muy posible que, en el proceso, aprendamos alguna que otra cosa sobre el amor.

En mis talleres, charlas y asesorías hablo del "hombre correcto"; ese hombre que tiene muchas posibilidades de cambiar una vez que se ha encontrado con ustedes.

El hombre correcto no viene así de fábrica. Como ya vimos, los hombres venimos dañados por la tradición, por las costumbres, por la misma historia. Pero el hombre correcto existe. El hombre que puede ser tu amigo, tu compañero, tu amante, tu roca... está ahí. Pero es como un carbón: uno al que, si se le presiona de la manera correcta (con mucha fuerza, constancia y determinación), ciertamente se transformará en un diamante poderoso.

Algún día lo podremos hacer por nosotros mismos. Pero por ahora, ese camino de transformación, aunque sea injusto, está en sus manos, queridas damas.

Está en sus manos protegerse, ponerse por encima de todo con dignidad, darse siempre lo mejor. Siempre lo mejor.

Cuando eso sea una constante —que ustedes siempre se den lo mejor—, entonces sabrán lo que deben hacer para que a sus vidas llegue el hombre correcto. O sea, solo llegará el hombre que las vea honestamente, tal y como son; el hombre que las valore por el simple hecho de existir, que vea lo que ustedes le aportan al mundo y que, por eso, aprenda a amarlas.

Todo eso solo será posible cuando ustedes se amen incondicionalmente; cuando se den el amor que se merecen desde siempre, perdonen sus caídas, sanen sus heridas, corrijan sus rumbos. Cuando sean ustedes las primeras. Cuando el amor, en todo su sentido, sea aplicado a cada una de las cosas de sus vidas.

El camino del cambio está ahí para el que quiera recorrerlo. Los beneficios no se harán esperar para los que estén dispuestos a enfrentarse a sí mismos y aprender a amarse totalmente.

El Legado Roto: El Vacío que Deja el Divorcio

En las teorías que hemos explorado, vimos a un hombre infantil, inseguro, cobarde, perezoso, infiel y, en resumen, incapaz de amar. Ahora, veamos el resultado de ese hombre en el mundo real.

El matrimonio, en lo corrido del siglo XXI, es una institución en crisis. Aunque las estadísticas varían, la tendencia global es clara: la disolución familiar es una realidad social. En Latinoamérica, un continente que culturalmente se ha aferrado al "familismo" y a valores religiosos, el divorcio ha dejado de ser un tabú para convertirse en una norma social.

Pero, ¿por qué se rompen las parejas? Las causas principales que se citan globalmente son casi un resumen de nuestras teorías. En Latinoamérica, las investigaciones apuntan a: infidelidad (Teoría 7: El Cazador), violencia

(Teoría 2: El Infantilismo Agresivo), abandono del hogar (Teoría 6: La Falta de Compromiso), problemas financieros (Teoría 5: El Perezoso que se vuelve carga) y una profunda falta de comunicación (Teoría 8: El Miedo a la Soledad Emocional).

El hombre que describimos no está diseñado para sostener un compromiso. Está diseñado para huir.

El Fracaso del Proyecto de Vida

Aquí es donde quiero detenerme. Para muchas mujeres, en su proyecto fundamental de vida, está la familia. No como un "accesorio" (como lo ve el hombre de la Teoría 6), sino como un pilar central de su realización y trascendencia.

Cuando ese proyecto fracasa por culpa de un hombre que no supo, o no quiso, estar a la altura, lo que se genera es una sensación de vacío aterradora. Es el sentimiento de haber apostado tu recurso más valioso (tu tiempo, tu juventud, tu lealtad) y haberlo perdido todo.

Este vacío lleva a las mujeres a desarrollar mecanismos de defensa muy peligrosos. Por un lado, una profunda falta de confianza, un cinismo. La mujer herida se blinda. Aprende a no creer, a no entregarse, a esperar siempre la traición. Y por otro lado, afecta a toda la sociedad, porque esta mujer ahora debe criar a sus hijos sola, muchas veces con rabia, dolor y problemas económicos.

¿Qué se pierde con cada divorcio?

Hablemos claro: esto no implica que una familia de madre e hijo no funcione. Muchas veces, una madre sola logra sacar adelante a sus hijos con más amor y estabilidad que cuando el "hombre-problema" estaba en casa.

Pero seamos honestos sobre la riqueza que se pierde.

Cuando una familia funcional se rompe, se deja a un lado un rico arsenal de procesos que son casi imposibles de replicar. No estamos hablando solo de dinero. Estamos hablando de legados.

Lo que se pierde con cada divorcio es el "capital social y humano". Se pierde la enseñanza diaria, el modelo de negociación, el ejemplo de cómo un hombre y una mujer resuelven conflictos. Se pierde la estabilidad.

Lo que no se recupera jamás es el tiempo y el modelo de unidad.

Los hijos de padres divorciados, especialmente cuando la separación es conflictiva, cargan con un riesgo mayor de problemas de adaptación, ansiedad, depresión y conductas problemáticas. Pierden el contacto diario con uno de los padres (usualmente el padre). Aprenden que el "amor" es algo que se puede romper, que las promesas no valen.

Y lo más grave: pierden el ejemplo de cómo se ve un compromiso a largo plazo. Esto es un daño directo al proceso pedagógico. Muy buena parte de lo que necesitamos aprender como humanos (empatía, negociación, sacrificio, lealtad) no se aprende en el colegio; se aprende viendo a nuestros padres ser un equipo.

Cuando esa pareja (el equipo) se rompe, el legado pedagógico se fractura. El niño aprende una lección de inestabilidad. La niña, muchas veces, aprende que los hombres abandonan.

Por eso, el fracaso del hombre de nuestras teorías no es un fracaso personal. Es un fracaso social. Es un cáncer que va dañando la capacidad de la siguiente generación para construir familias funcionales, perpetuando el ciclo de hombres y mujeres rotos.

El Miedo se Vuelve Furia: La Violencia como Herramienta

Cuando el hombre de nuestras teorías —el niño inmaduro (Teoría 2), el inseguro (Teoría 3) y el cobarde emocional (Teoría 4)— siente que está perdiendo el control, le queda una última herramienta. Cuando su "trono" se tambalea y su "manada" no responde, su miedo, su vacío y su incapacidad no se resuelven con diálogo. Se resuelven con furia.

El "gen machista-patriarcal" ha usado la violencia contra la mujer como su principal medio de control desde el inicio de la historia. No es un error, no es un "momento de rabia"; es una política de terrorismo sistemático para mantener el dominio.

Un Viaje Histórico de Control

Hagamos un viaje rápido para entender que esto no es nuevo.

- En la Antigua Grecia, cuna de la "democracia", las mujeres (particularmente en Atenas) no eran ciudadanas. Eran propiedad. Pasaban de ser propiedad del padre a ser propiedad del esposo. Un hombre tenía el derecho legal de golpear a su esposa, así como golpearía a un esclavo o a un animal, para "corregirla". El poeta Hiponax escribió que una mujer solo da dos días de felicidad: "el día de su boda y el día de su funeral". Eso no era una broma; era una descripción del sentir popular.

- En el Antiguo Egipto, irónicamente, las mujeres tenían muchos más derechos. Podían poseer tierras, pedir el divorcio y representarse en juicios. Pero este es un caso raro que fue aplastado. En cuanto el patriarcado romano y griego extendió su influencia, esos derechos se borraron. El "gen" dominante no tolera la igualdad.

- En la Edad Media (Medioevo), la violencia se volvió teológica. La Iglesia usó el miedo al poder femenino (especialmente a su sexualidad) para justificar la caza de brujas. El famoso libro *Malleus Maleficarum* ("El Martillo de las Brujas") de 1487 no era más que un manual legal para justificar la tortura y el asesinato de cientos de miles de mujeres. En el ámbito doméstico, el "derecho de corrección" era ley: un esposo podía (y *debía*) disciplinar físicamente a su esposa para "salvar su alma".

- En la Revolución Industrial, la violencia se volvió económica. Las mujeres y los niños eran la mano de obra más barata. Las fábricas eran centros de abuso y acoso sexual sistemático, sin ninguna ley que las protegiera.

- En pleno Siglo XX, la situación apenas mejoró. En la mayoría de países de Occidente, un hombre no podía ser juzgado por violar a su esposa, porque ella era considerada su propiedad. La violencia doméstica era un "asunto privado".

"Algo Habrá Hecho Ella"

Aquí llegamos a la parte más terrible: la complicidad del sistema.

Durante casi todo el siglo XX, si una mujer golpeada iba a la policía, la respuesta era, literalmente: "Señora, váyase para su casa y no haga enojar a su marido". El pensamiento general, sostenido por policías, jueces y la sociedad, era que si el esposo la había agredido, era porque ella "algo había hecho para merecerlo".

Se culpaba a la víctima por "provocar" al hombre. Ella era la responsable de la violencia que él ejercía.

Este pensamiento no ha muerto. Solo se ha maquillado.

El Presente: Cifras de una Guerra No Declarada

Las leyes cambiaron, pero el "gen" sigue intacto. Hoy, la violencia contra la mujer es una pandemia.

- Según la ONU y la CEPAL, América Latina es la región más peligrosa del mundo para ser mujer. Es la región con las tasas más altas de feminicidio.

- Se estima que 1 de cada 3 mujeres en el mundo ha sufrido violencia física o sexual, la mayoría de las veces por parte de su propia pareja.

- El 38% de todos los asesinatos de mujeres son cometidos por su pareja masculina.

Y la falta de consecuencias es brutal. En muchos de nuestros países, la impunidad es superior al 90%. Lo más aterrador es que un altísimo porcentaje de las mujeres asesinadas ya habían denunciado a su agresor. Habían pedido ayuda. Y el sistema, lento, indiferente y aún machista, no hizo nada.

El Peligro es Real: Casos Recientes

Para que no creas que esto es teoría, veamos dos casos de los últimos años que sacudieron a Latinoamérica y que ilustran este punto a la perfección:

1. Luz Raquel Padilla (México, 2022): Este caso es el ejemplo más puro del sistema fallido. Luz Raquel era madre de un niño con autismo. Recibía amenazas constantes de su vecino. Ella denunció. Publicó en sus redes sociales las fotos de las amenazas pintadas en su puerta: "Te voy a quemar viva". Pidió ayuda a las autoridades, pero solo le dieron una "orden de restricción" inútil. Semanas después, en un parque, un grupo de personas (incluido el vecino denunciado) la rodearon, la rociaron con alcohol y la quemaron viva. Murió días después. Ella lo advirtió. Nadie la escuchó.

2. Debanhi Escobar (México, 2022): El caso de Debanhi ilustra la otra violencia: la social. Cuando desapareció, la conversación pública y mediática no fue sobre el peligro que corrió, sino sobre *ella*. "¿Por qué estaba sola?", "¿Por qué se bajó del taxi?", "¿Por qué estaba bebiendo?". La sociedad (hombres y mujeres) se dedicó a analizar su comportamiento, justificando implícitamente que "se lo buscó". Es el mismo "algo habrá hecho" del siglo XX, pero con hashtags.

Conclusión: Esto no es un juego

Cuando te digo que debes "probar" a un hombre (como veremos en el siguiente capítulo), no es un juego de seducción. Es un acto de supervivencia.

El hombre que estás conociendo, ese que es encantador, divertido y "parece bueno" (Teoría 3), es heredero de todas estas teorías.

Si no tomas cartas en el asunto para proteger tu vida, tu salud física y tu salud mental, estás en peligro real. Porque cuando el "niño" (Teoría 2) que vive dentro de él se sienta inseguro (Teoría 3) y con miedo a perder el control (Teoría 4), usará la herramienta que el "gen patriarcal" le ha enseñado por milenios: la violencia.

Tu trabajo es descubrir si ese hombre es capaz de evolucionar, o si es solo otro eslabón de esta cadena de terror.

EL HOMBRE CORRECTO

Ahora que has visto todo esto, ¿puedes saber si ese hombre que está contigo es tu "hombre correcto"? ¿O si ese otro que te está cayendo tiene lo que se necesita?

Una cosa debes tener clara: tu relación no debe ser una lotería, como lo ha sido hasta ahora.

Lo primero que debes reconocer, y grabártelo en la cabeza, es que todos los hombres, sin excepción, venimos dañados de fábrica.

La falla viene de la genética histórica, de la educación en la casa, de las tradiciones y costumbres que vienen de miles de años atrás, como ya lo vimos.

Cuando reconoces esto, entras *diferente* a una relación. Analizas todo con mejores ojos, puedes comprender a fondo las actitudes de tu hombre y, de esa forma, puedes tomar la decisión de seguir adelante o salirte de ahí sin mirar atrás.

El hombre correcto no va a aparecer en tu vida de la noche a la mañana. No se ha hecho a sí mismo desde pequeño. Tu hombre correcto debe ser reeducado, corregido, probado y "testeado" por ti.

No, no es el ideal. No es lo que estabas esperando y mucho menos es lo que te mereces. Pero, querida amiga, es lo que hay. Es lo que es. La historia nos entregó a estos hombres disfuncionales y, para tener una relación sana, hay que hacerlos pasar por un camino de pruebas, cambios y evolución.

Tal vez parezca difícil, pero no lo es. Aplicando la lúdica (el juego) de forma adecuada, todo ese proceso va a ser muy práctico y hasta sencillo. Porque es posible lograr a tu hombre correcto, eso también es cierto.

Basta con que te digas a ti misma que no todo el que pasa por tu vida tiene ganada la entrada a tu corazón. Que, aunque "parezca bueno", viene defectuoso, por lo que debe pasar por el camino que lleva hacia ti. Y ese camino está lleno de pruebas; ese camino es cuesta arriba.

Las pruebas son acciones básicas que tienen un truco: se extienden en el tiempo. Porque la mejor manera de quitar el óxido en el corazón de un hombre es con paciencia, tiempo, determinación y algo de picardía.

Este proceso debe ser divertido, por lo menos para ti. El proceso de probar a tu hombre debe darte un tiempo bueno, amable, cariñoso, dulce, especial.

Todo este camino hacia ti es un camino donde el hombre descubrirá y aprenderá una cosa fundamental: a amarse a sí mismo.

En gran medida, tú vas a mantener el control de la relación para descubrir si este hombre *de verdad* desea comprometerse, si quiere evolucionar y si está dispuesto a aceptar sus fallas.

Te dije que no es difícil, pero sí es desgastante y, otras veces, decepcionante. Muchos hombres no darán la talla, escaparán, se darán por vencidos. En otras ocasiones, serás tú la que ceda, la que crea que ese no es el hombre correcto, aunque el resultado todavía no se haya dado.

Es claro que tú decides quién entra a tu vida y quién no. Pero la mayoría de las veces parece que "te conformas", y bueno, ese es un derecho que tienes. Pero ya sabes a dónde te puede llevar eso. Te lo digo de nuevo: tu bienestar y tu felicidad no tienen por qué ser una lotería.

Si te das siempre lo mejor, la felicidad es la única manera de medirlo. Sabes que te das lo mejor cuando vives feliz, y ese no siempre es el caso.

Aquí voy a cuestionarte bastante. La felicidad es un estado de calma, bienestar, placer, alegría, orgullo, positivismo. Es más, mucho más, pero lo importante es que tú puedas reconocer la felicidad *completamente.*

La felicidad no es algo que alguien te da o te ofrece; es algo que te pertenece desde siempre. No es un estado quieto, es un camino que evoluciona. Es una constante, aunque a veces no lo parezca.

Y ponle atención a esto: ningún hombre tiene el poder de hacerte feliz. Míralo bien, ninguno. Ni siquiera tu hijo.

Si logras comprender todo eso sobre la felicidad, entonces podrás saber con claridad qué es lo mejor para ti.

Sí, claro que sí; toda esta idea hace que el juego de las relaciones cambie por completo. Porque la búsqueda ya no va a estar *fuera* de ti, sino ahí mismo, *justo en ti.*

El enamoramiento es embriagador, es delicioso, puede incluir sexo, lo que da un placer adicional. Pero el enamoramiento no es amor. Es pasajero, se gasta rápido.

Así que no puedes tomar decisiones importantes en tu vida (que duren años) basada en el enamoramiento, sobre todo si el que está enamorado es el hombre. Ya hemos visto (Teoría 9) que los hombres se enamoran, pero no aman.

Por lo que permitirles entrar a tu vida y a tu corazón solo porque "se ven muy enamorados" te va a llevar a resultados desastrosos.

Para ti, que un hombre esté enamorado es apenas el *principio* del recorrido. Con ese impulso que ellos agarran, se tiene un buen ambiente para empezar las pruebas.

Aunque primero debes saber cuáles son sus fallas; es decir, cuáles de las 9 Teorías le caen como anillo al dedo. Para esto, los ejercicios son, en su mayoría, un diagnóstico. Te permiten ver al hombre más allá de sus máscaras. Lo que sigue son acciones que lo transforman... o que hacen que huya despavorido.

Lo que sigue después del diagnóstico es el tratamiento y, por último, el sostenimiento.

El Ejemplo del Administrador

Hace algunos años, en un taller, alguien me pidió un ejemplo porque no entendía bien eso de "poner a prueba" a los hombres. Ella pensaba que el proceso de "conocerse" era lo único necesario.

Cuando mencioné las pruebas, se alteró bastante (casi toda la audiencia hace eso). Su argumento era: "¡Pero si me pongo a hacer eso, ningún hombre se va a quedar conmigo!".

El ejemplo que le di fue muy sencillo:

Imagina que has ahorrado 50 mil dólares. Montas el negocio de tus sueños: alquilas un local, lo decoras, compras la mercancía. Ahora necesitas un administrador, alguien capaz de sacar el negocio adelante.

La primera pregunta es: ¿Le darías ese empleo a cualquiera? ¿Verdad que no?

Lo primero que haces es buscar gente preparada, con experiencia, visión, disciplina, liderazgo; que pueda correr riesgos y afrontar errores; que esté dispuesta a todo (de forma digna) para darte ganancias. Quieres a alguien en quién confiar, porque le vas a dar el manejo del dinero, las cuentas, los clientes y, más que nada, tu imagen.

Vienen muchos candidatos. Haces entrevistas, les pones pruebas para medir sus capacidades y, al final, escoges al mejor. Pero, a veces, incluso después de todo eso, te encuentras con un perezoso, un zángano, un aprovechado que solo quería comodidad a costa de tu esfuerzo. Otras veces, no tienen visión o disciplina y te llevan a la quiebra.

¿Ahora entiendes por qué las empresas hacen todos esos exámenes rarísimos a sus aspirantes?

Entiendes que una sola entrevista de preguntas básicas no es suficiente para saber el carácter de alguien. Se necesita mucho más.

Ahora, imagina que quiebras. Pides un préstamo de 100 mil dólares para empezar de nuevo. Igual necesitas un administrador. Pero esta vez, ¿verdad que te tomarías *más tiempo* en la selección? ¿Que harías pruebas más raras, que nadie se espera, para romper sus máscaras?

Bueno, ahora mira que el capital que tienes es tu corazón, tu alma, tu vida, tu tiempo, tu presente y tu futuro.

¿Vas a dejar todo eso en manos de cualquiera? ¿Ese hombre que *parece* bueno ya se ganó el derecho de obtener todos los beneficios que tú ofreces? ¿Vas a dejarlo entrar a tu vida sin ponerlo a prueba de formas profundas y concretas?

Lo que quiero que veas es que tú eres un tesoro invaluable. Tu tiempo es valioso, muy valioso. Y tu corazón también. Entonces, solo debes admitir lo mejor para tu vida. Por eso es bueno probarlo, probarlo a fondo, porque lo que está en juego es muy, muy importante: Tú.

Si todavía tienes dudas sobre esto, contáctame. Habla conmigo, con gusto te aclaro tus dudas. Puedo y quiero ayudarte a que encuentres (o construyas) a tu hombre correcto.

Las Fases de Prueba

La primera zona de pruebas dura 9 meses desde que el tipo ha mostrado interés real en ti. Porque esa es la primera señal: el interés que él muestra, que te llama, que te busca, que te invita.

En este punto, tú puedes decidir si lo quieres para el siguiente nivel o si solo quieres disfrutar el momento y ya. (Te recomiendo que seas honesta con él y contigo misma si sabes que la cosa no da para más).

Pero ¡cuidado! Cuando sientas que la cosa está pasando a otro nivel, es tiempo de comenzar la zona de pruebas. Si el tipo ha ido en serio desde el comienzo, las pruebas empiezan ya.

Ah, se me olvidaban las fases:

- 9 horas

- 9 días

- 9 semanas

- 9 meses

La pregunta que te haces es: *¿Qué tan lejos está dispuesto a llegar este hombre para crear una historia conmigo?*

Bueno, al principio, se trata de descubrir qué tan dispuesto está a *estar* contigo, a salir, a compartir.

Fase Uno: 9 horas / 9 días

Para eso, la primera fase tiene pruebas sencillas pero clave:

1. "Que te llame exactamente en 9 horas": Te dije que eran sencillas. Esta prueba mide su cumplimiento. Mira si te llama antes, después o justo a tiempo. Si llama antes, punto negativo. Si llama después, por cada 5 minutos, punto negativo. Si llama hasta el día siguiente, dile "muchas gracias, adiós". Si llama en los 5 minutos alrededor de la hora, punto positivo.

2. "Que te escriba algo bonito, a mano": Ya te dije que a los hombres nos cuesta expresar sentimientos. Esta prueba dice mucho. Si te escribe algo sencillo, no tiene punto. Si es poético o

profundo, punto positivo. Si solo bromea o saca excusas, punto negativo o adiós.

3. "Dile que se pueden ver hasta dentro de 9 días": A ver, te lo explico. Digamos que el tipo te invita a salir. Ahí le puedes hacer la prueba 2. Después de la cita, le pides la prueba 1. Si te llama (y pasa la prueba), créale una situación para que solo se puedan ver *9 días después*.

Lo interesante es lo que él haga durante ese tiempo. Si está pendiente de ti, si te llama solo para saber cómo estás o para hacerte pasar un buen rato (sin presionar para verse), cada vez que lo haga tiene un punto positivo. Si al final de los 9 días sigue ahí, invitándote a salir (así sea por un café), dale otro punto positivo. Si no hace nada... pues ya te vas haciendo una idea. Puede ser un desinteresado, un perezoso (Teoría 5) o que tenga más opciones. Pero con solo tres pruebas ya tienes mucho para analizar.

Fase Dos: 9 días (Seguidos)
Esta fase empieza al terminar la anterior. Quizás te parezca muy matemático, pero es para darte una idea clara.

En esta fase, él debe crear algo único cada día, durante 9 días seguidos, sin excusas.

Puede que no se vean todos los días. Lo importante es que él sea creativo, no repetitivo, y que realmente te impacte. Tú no puedes pedirle nada; debe salir de él.

Mira bien: no se trata de que solo te llame, sino de *lo que hace* en la llamada. Si solo te llama para hablar por hablar, punto negativo. En esta fase debes ser muy observadora, sin hacerte ilusiones. Sé analítica con las cosas que hace para llamar tu atención.

Ahora bien, aquí entra en juego lo que él cree que es "diversión". En esta fase, él debe estar dedicado a *saber de ti*, a conocerte. Si solo te invita a cine y a rumbear, pues muy rico, pero sus intereses quizás no son tan serios. Si sientes que solo quiere diversión, ya queda en tus manos. Si estás buscando un compromiso, dile adiós.

Fase Tres: 9 semanas

Aquí es donde se mide el carácter y la capacidad de aguante.

Una vez que tienes el diagnóstico de las primeras fases, te dedicas a hacer ejercicios para empezar los cambios necesarios; para que el "hombre correcto" surja.

En esta parte, te doy unas recomendaciones (solo recomendaciones):

- No salgas con hombres que vivan con sus madres. Sobre todo si viven como en un hotel (donde les lavan, planchan y cocinan). Si ese hombre nunca ha salido de su casa, no sabe cómo defenderse en el mundo real (ni social, ni económica, ni emocionalmente). Él espera que tú continúes el trabajo de su madre.

- No salgas con hombres que beban alcohol más de tres veces al mes. Esos hombres creen que la diversión *es* el alcohol; no conocen otra manera de pasarla bien.

- Analiza bien al hombre que solo te lleva a lugares costosos. El que depende solo del dinero para sentirse bien. Esos hombres no soportan una crisis económica; su estabilidad está en el dinero y no podrán aportar nada más que plata a la relación.

- Cuídate de los hombres demasiado afectivos en las primeras fases. Pueden ser inseguros (Teoría 3) que solo buscan a alguien para dominar, ya sea por la fuerza o por presión psicológica.

Y ahora, una que va a ser difícil de asimilar: ten mucho cuidado con los hombres que, caminando o en bicicleta, se pasan los semáforos en rojo.

Este pequeño comportamiento es un reflejo de su incapacidad para pensar más allá de sí mismos. Esos hombres solo buscan su beneficio sin importar si rompen las reglas. Muy seguramente, este tipo de hombre, al ver una oportunidad donde sabe que no lo van a pillar, la tomará. Si estando en una relación contigo, otra mujer le da la oportunidad, él (sintiendo que no lo vas a descubrir) la tomará sin pensar en ti. Son hombres inclinados a la corrupción, a no pensar en la dignidad antes de hacer cualquier cosa que los beneficie.

Ejercicios de la Fase Tres (El Abrebocas)
Durante estas 9 semanas, debes aplicar los ejercicios puntualmente. Si el puntaje de las primeras fases fue positivo, usa uno al día. Si fue negativo, mejor di adiós, o sé mucho más intensa con los ejercicios.

(El hombre correcto solo es correcto *para ti*. Por eso las pruebas son buenas: seleccionan solo lo mejor *para ti*, aquello con lo que de verdad estás en sintonía).

Solo te daré unos pocos ejercicios aquí, porque esta información no debe estar tan disponible para que los hombres la lean y hagan trampa.

1. La Labor Tediosa: Una vez a la semana, invítalo a ayudarte con una labor de la casa, de tu estudio o trabajo. Debe ser algo aburrido, largo o monótono, por lo menos para él (ej. organizar papeles, limpiar a fondo algo, transcribir algo). Es una invitación. La prueba es: 1) que acepte; 2) que participe de buena gana; y 3) que vuelva a aceptar la semana siguiente. Si acepta las 9 semanas de buena gana, es un punto muy positivo. Si su ánimo va bajando, ten cuidado: es posible que esté pensando que debería estar "divirtiéndose" en otro lado (Teoría 5). Es posible que al principio se moleste; él creía que estar contigo era pura diversión, y resulta que no. Pero con el tiempo, él puede descubrir que vale la pena hacer *cualquier cosa* por estar contigo. Así se usa el enamoramiento para reeducarlo.

2. La Visita Sorpresa (a su casa): Una vez por semana, incítalo a que te invite a su casa. Que *él* te prepare un almuerzo, una cena, o aunque sea un café. Debe ser un plan medio improvisado. Si se resiste, puede que esté ocultando algo. Si sales con

uno que vive con su mamá (aunque te lo advertí), esta prueba te ayuda a ver qué tan ordenado es, si su mamá le hace todo, y cómo es la interacción entre ellos. (Recuerda: no todo "buen hijo" es un buen compañero de vida). Así verás su ambiente, su orden y hasta cómo cocina: si hace un desorden y no lo limpia, si se esmera, si es cuidadoso, etc.

3. "Escríbeme Algo" (A Mano): En cualquier momento, pídele que te escriba algo a mano. Lo que se le ocurra, pero que sea de media página por lo menos. Mejor si es en una hoja en blanco. Hoy en día casi no vemos la letra de nadie. Cuando ves cómo escribe, tienes una ventana abierta a cosas de él que ni él mismo sabe.

4. La Prueba de Alto Nivel (Decirle sus Fallas): Esta es difícil, porque a los hombres les cuesta hablar de sentimientos. Durante las fases anteriores, debiste recolectar fallas de él (debes ser objetiva, no te dejes llevar por el enamoramiento). Una vez por semana, míralo a los ojos y, con total honestidad, dile una o dos de esas fallas. Lo vital es que observes su reacción: ¿Qué hace? ¿Cómo se defiende? ¿O acepta lo que le dices? También debes darle tu opinión de lo que esas fallas implican para ti. El objetivo es construir un diálogo positivo. Si no se da, implica que él no está dispuesto a ver sus fallas, ni a que tú las veas. Es importante que no lo juzgues; es una criatura

dañada con fallas que ni él conoce. Por eso la que toma la decisión con esa información eres tú.

5. Las Pruebas de Paciencia: Para finalizar este abrebocas: hazlo esperar. Que vaya a recogerte y que te espere tanto tiempo como tú creas necesario. Y la más fuerte: déjalo plantado. Sé que suena fuerte, porque es intencional, pero solo así puedes ver su reacción real, la que no puede controlar. Así descubres su paciencia, su nivel de comprensión y su verdadera capacidad de amar.

Si has llegado al final de esas nueve semanas y decides que el prospecto tiene posibilidades, entonces iniciarás el camino de los 9 meses. Durante esos nueve meses tendrás que aplicar más pruebas, unas sencillas y otras complejas.

Porque, como te dije, se trata de sacar de la ecuación las máscaras que el hombre se pone para conquistar (Teoría 7). Se trata de eliminar las mentiras que él se ha dicho durante toda su vida.

Es un viaje maravilloso, y también es algo muy positivo para ti. Porque debes medir todo con la vara de: ***YO SOY LO MÁS IMPORTANTE Y ME MEREZCO LO MEJOR.***

También te digo que esto no es una ciencia exacta. Pero para las mujeres que han aplicado este proceso, ha sido algo verdaderamente positivo. Les ha permitido ver la verdad o, por lo menos, tener más claridad sobre el hombre con el que están. Para otras, ha sido una ayuda que les ha permitido quitarse pesos muertos que no necesitaban en sus vidas.

LA EMANCIPACIÓN: El Verdadero Comienzo es Amarte a Ti

Si has llegado hasta aquí, es porque intuyes que la solución a todo este lío no está *afuera*, sino *adentro*. El proceso de "probar" al hombre correcto es solo una herramienta externa. El verdadero cambio, la verdadera emancipación, comienza contigo.

El amor. Es el gran misterio, el gran aliado y, sin duda, el mejor camino que podemos recorrer. Pero seamos brutalmente honestos: el "gen machista-patriarcal" del que hemos hablado nos ha retrasado siglos en el proceso de aprender a amar de verdad. Ha torcido su significado, lo ha ensuciado con ideas de poder, posesión y sacrificio mal entendido.

La parte más difícil, la trampa maestra, es que *creemos* que sabemos amar. Algunas veces, estamos absolutamente seguros de que lo que sentimos *es* amor. Pero si miramos el panorama general, la mayoría de las veces, eso que llamamos "amor" no es más que una falencia psicológica disfrazada. Es la respuesta desesperada a un trauma de la infancia o la adolescencia; es la búsqueda de llenar un vacío que nos dejaron; es un ideal fantasioso sacado de películas que no tiene nada de real. Confundimos la intensidad con la profundidad, la necesidad con el afecto, la química con la conexión.

El enigma aparece justo cuando queremos saber más, cuando intentamos aprender sobre algo que no es fácil de ver a nuestro alrededor. Piénsalo: no existe un lugar donde ofrezcan "clases de amor". No hay un manual de instrucciones para manejar el dolor de una traición, ni un curso para aprender a construir un compromiso sólido. Vamos por la vida a ciegas en lo más importante. Ese vacío educativo, esa falta de herramientas emocionales, es lo que tiene atrofiado el proceso por el que nuestra sociedad debe pasar para encaminarse hacia algo mejor.

Pero ahora existen opciones, posibilidades. Y la primera, la más revolucionaria, es atreverte a dudar. Antes de dar por sentado que "sabes" amar, antes de lanzarte a una relación esperando que el otro te "complete", detente.

La primera parte del verdadero aprendizaje del amor es poner en tela de juicio lo que *creemos* que es el amor, y sobre todo, lo que *creemos* que sentimos cuando decimos que es amor.

Aquí es donde entra la verdadera emancipación:

Antes de decirle a alguien "Te amo", ¿podrías demostrarte a ti misma que te amas?

Antes de entregarle tu vida a otro, ¿te has enamorado primero de ti? ¿Te amas a ti? ¿Comprendes todo tu potencial, tus luces y tus sombras?

Este no es un pensamiento egoísta; es el requisito fundamental. Porque solo cuando te amas a ti misma puedes:

1. Establecer límites sanos: Ya no aceptarás migajas ni maltratos, porque sabes que mereces lo mejor. Las "pruebas" al hombre correcto se vuelven naturales, no forzadas.

2. Dar sin esperar: Cuando te amas, no buscas en el otro la validación que no te das a ti misma. Puedes dar afecto genuinamente, sin la ansiedad de necesitar algo a cambio.

3. Ser libre e independiente: Tu felicidad deja de depender de si tienes pareja o no. Te vuelves tu propia fuente de bienestar. Y paradójicamente, es ahí cuando te vuelves más atractiva para un amor sano.

Para recorrer este camino de autoconocimiento y autoamor, necesitas herramientas. Necesitas usar los recursos del juego y la lúdica (como vimos en las pruebas), no para manipular, sino para observar sin juicio. Necesitas practicar la comunicación asertiva, primero contigo misma (¿qué siento?, ¿qué necesito?) y luego con los demás. Necesitas buscar tutores y guías (libros, terapia, mentores) que te ayuden a ver tus puntos ciegos.

Antes de decir "amo", debes poder sentir "me amo". Debes poder comprender la clase de poder inmenso que implica el amor verdadero, y lo que es capaz de lograr primero *en ti* y *para ti*.

Si queremos una medida, una especie de "test" para empezar a cuestionar si lo que sentimos se acerca al amor real o es solo un espejismo, podemos ir a ese famoso pasaje de la Biblia (1 Corintios 13). No como un dogma religioso, sino como una descripción psicológica brutalmente honesta:

"El amor es paciente, es bondadoso. El amor no tiene envidia, el amor no es jactancioso, no se envanece; no

hace nada indebido, no busca lo suyo, no se irrita, no guarda rencor; no se goza de la injusticia, más se goza de la verdad. Todo lo sufre, todo lo cree, todo lo espera, todo lo sop[1]orta. El amor nunca deja de ser..."

Ahora, la pregunta profunda y concreta para ti: Cuando estás en una relación, o cuando piensas en el amor... ¿eres *realmente* capaz de hacer lo que ahí dice?

- ¿Puedes ser paciente cuando tu pareja te desespera?

- ¿Puedes no llevar la cuenta de los errores pasados cuando te sientes herida ("no guarda rencor")?

- ¿Puedes alegrarte *de verdad* por el éxito del otro, sin sentir ni una pizca de envidia?

- ¿Puedes "soportarlo todo" no como una mártir, sino como un apoyo incondicional incluso en los peores momentos?

O... ¿solo estás diciendo que eres capaz porque estás *embebida* de sensaciones placenteras, de dopamina, de química y de sexualidad? ¿Qué pasa cuando esa química baja (porque siempre baja)? ¿Sigues siendo paciente, bondadosa y sin guardar rencor?

Esa es la prueba de fuego. Y la mayoría de nosotros, hombres y mujeres, la reprobamos miserablemente.

La emancipación, entonces, no es solo liberarte del hombre incorrecto. Es liberarte de tu *propia* ignorancia sobre el amor. Es reconocer que no sabes, y empezar el único viaje que de verdad importa: El Sendero del Amor Propio. Solo desde ahí, desde esa fortaleza interior, podrás algún día construir (o decidir no construir) un amor de pareja que no sea una trampa, sino una expansión de lo que ya eres.

Esa es mi invitación final para ti. Ese es el viaje que se deriva de LA TEORÍA XY: un viaje hacia lo profundo de ti misma, donde descubras tu inmenso valor, te construyas poderosa, invencible y, sobre todo, libre.

Espero que tu viaje sea bueno. Que recuerdes siempre que "Eres lo más importante", para que todas las cosas que hagas estén basadas en eso.

Si algún hombre ha llegado hasta aquí, ha visto que puede realizar un cambio positivo, crecer y ser mejor, lo invito a que lo realice de inmediato. También para ellos es este libro, porque lo que buscamos es un mundo mejor. Y en ese camino, que el hombre se transforme, deje atrás sus fallas, es vital y absolutamente necesario.

Te agradezco por leer el libro, espero que sea de ayuda. Te invito a transitar el SENDERO DEL AMOR.

Entre todas y todos podemos crear verdaderos cambios en nuestra vida, así como en nuestras comunidades.

De nuevo, gracias. Y que tu vida sea esa aventura que en verdad te mereces.

Puedes escribir a lateoriaxy@outlook.com si tienes inquietudes o preguntas. Escucha nuestro podcast y descubre nuestro canal de YouTube.